JN171440

AKB48の

木﨑ゆりあ＆加藤玲奈と学ぶ お仕事ルール50

AKB48 STUDY BOOK

AKB48スタディブック制作プロジェクト
［著］

株式会社フィールドデザイン　代表取締役
一般社団法人　書道能力開発協会　理事長
中山佳子
［監修 マナー指導］

JINGUKAN

Introduction

はじめに

どんな人でも「仕事をする」となると、他者とのコミュニケーションが必要です。とくにビジネスシーンでは、立場や相手との関係に応じて変わってきます。社会人として恥ずかしくない身だしなみや立ち居振る舞い、言葉づかいを身につけることは、よりよい人間関係を築くためにとても大切です。「この人と一緒に仕事をしたいな」と相手に思ってもらえるように、まずはマナーから見直してみましょう。

本書では、ＡＫＢ48の木﨑ゆりあさんと加藤玲奈さんが、マナー講師の中山佳子先生から、「社会人として知っておきたいさまざまなルール」を学びながら、ビジネスマナーを身につけていきます。細かい決まりごとのあるビジネスマ

ナーを一から学ぶという機会は、ＡＫＢ48のお二人にとっても新鮮な経験になったことと思います。お辞儀の角度一つ、言葉づかい一つで、相手に伝わる印象が変わります。
また、オフィスのシーンが多く登場しますが、心がまえや正しい言葉づかい、挨拶などは、どんな職種の方にでも応用できます。さまざまな場面で役に立つ「お仕事ルール」のポイントも解説していますので、困ったときは参考にしてみてください。
これから新社会人としてスタートする方も、社会人経験のある方も、本書を毎日のお仕事に役立てていただければ幸いです。

ＡＫＢ48スタディブック制作プロジェクト

木﨑ゆりあ＆加藤玲奈プロフィール

私たちと一緒に、
お仕事ルールを
学んでいこうね！

AKB48　チームB

木﨑ゆりあ

YURIA KIZAKI

Profile

ニックネーム ● ゆりあ
生年月日 ● 1996年2月11日
出身地 ● 愛知県
趣味 ● アニメ鑑賞
特技 ● ダンス、テニス、護身術
好きな食べ物 ● イチゴミルクの飴
将来の夢 ● マルチタレント

AKB48　チームB

加藤玲奈

RENA KATO

社会人のみなさんに
とって役立つ
情報が満載だよ!

Profile

ニックネーム ● れなっち、かとれな
生年月日 ● 1997年7月10日
出身地 ● 千葉県
趣味 ● ピアノ、バイオリン、料理、読書
特技 ● 一輪車
好きな食べ物 ● 桃、果物、グラタン
将来の夢 ● ファッションモデル

CONTENTS

chapter 1

初対面でのイメージアップ

chapter

2

正しい言葉づかい

chapter 3

社会人一年生のビジネスマナー

chapter

4

冠婚葬祭でのマナー

IMAGE UP

初対面での イメージアップ

まずはじめに、初対面の印象をアップさせるための
基本的なことを学びましょう。
オフィスでの着こなしのルールはもちろん、
正しい姿勢や表情の作り方を知り、
社会人としての第一歩を踏み出しましょう！

chapter 1

お仕事ルールマンガ❶「身だしなみと自己紹介」

服装はよくなったけど、言葉づかいがね…
お得意さまがいらっしゃってるから自己紹介して
ズイッ
はじめまして！
AKBカンパニー営業部の新人、木﨑ゆりあです!!
今日の服、地味なんですけどいつもはもっと可愛いっす！
ぎょっ
昨日着てた服は渋谷でひとめぼれして買ったジャケットとミニスカで〜
ベラベラ
は…
はあ…
身だしなみや自己紹介については次のページから学んでいこう！

chapter 1

IMAGE UP

01

女性の身だしなみ

Good example

良い例

Hair Style

ヘアスタイル

黒もしくはダークブラウン。ロングヘアはすっきりとまとめる。

Make up

メイク

メイクはすること。**せめて口紅は塗るようにする**。派手なメイクは避ける。

Tops

ブラウス

汚れやシワのない、きれいなものを。胸元の露出は少なめに。

Skirt

スカート

膝が隠れるくらいの長さで、座ったときに、ももがあまり見えないように。

Suit

スーツ

黒、紺、グレー、ベージュなどの**ベーシックな色のスーツ**がおすすめ。

Shoes

靴

ヒールの高さ３～５cmのパンプスが理想。動きやすいものを選ぶ。

オフィスにふさわしい服装を心がけて

身だしなみはその場にふさわしい身なりに整えること。自分の好き嫌いより、周囲からどう見えるかを優先させましょう。業種や職場の雰囲気にもよりますが、あまり華美な服装やヘアメイクは避けたほうが無難。シンプルで着回しのきくアイテムを選びつつ、自分に合う色をアクセントとして使い、自分らしさをプラスするのがおすすめです。

Bad example
悪い例

Hair Style
ヘアスタイル

過度な茶髪。**カール多めの盛りすぎヘア。**

Accessory
アクセサリー

ネックレスやブレスレットをつける場合は、**揺れたり音のするもの**はNG。ビジネスシーンにふさわしいものを選ぶ。

Nails
ネイル

長くて派手なネイルアート。大きなストーンがついたネイル。

Tops & Skirt
服装

胸元が開きすぎていたり、短すぎるスカート。だらしない格好。

Shoes
靴

サンダルやミュールなどの**かかとが出る靴。**高すぎるヒールやブーツもNG。

BUSINESS RULES

身だしなみのポイント

- 派手な服装やヘアメイクはNG
- 清潔感のある服装を心がける
- 小物選びでさり気なく
  センスや個性をアピール

chapter 1
IMAGE UP

02 男性の身だしなみ

Good example
良い例

Hair Style
ヘアスタイル
耳を出した**清潔感のある短髪**。額を少し見せ、毛先は遊ばせない。ビジネスシーンにふさわしい長さやスタイルに。

Shirt
シャツ
ネクタイ着用時は**第一ボタンを留める**。色や柄は派手すぎないものを選ぶ。

Suit
スーツ
体型に合った**ジャストサイズのスーツ**。パンツはセンタープレスをくっきりと。

Shoes
靴
ダーク系のビジネスシューズ。常にきれいに磨いておくこと。

シャツの選び方

ストライプや無地の爽やかな色合いのものがおすすめ。体型に合ったサイズを。

ネクタイの選び方

幅が7～9cmのレギュラータイがベスト。柄は無地やストライプ、地味めのドットを。結び目が正面にくるようにキュッと結ぶ。

ビジネスシーンだからこそ細かいところにも気づかいを

服は素材選びも重要です。シワになりにくい素材を選ぶようにしましょう。また、腰でパンツを履いたり、胸元がゆるんでいるのもNG。気をつけたいのが口臭や体臭。ブレスケアグッズやデオドラントシートを携帯しておくとよいでしょう。

Bad example
悪い例

Hair Style
ヘアスタイル
寝癖が直っていない、**長すぎ、ボサボサ**など清潔感のない髪型。もともとの髪色と極端に違うカラーはNG。

Accessory
アクセサリー
金のネックレスチェーンが見える。大きめのシルバーも NG。

Tops & Trousers
服装
ジャケットに**シワがあるとだらしない印象に**。ビジネスマンの場合、夏場以外のノーネクタイは基本的に NG。

Shoes
靴
同じ革靴でも、**先の尖っているヘビ柄シューズ**など。スニーカーソックスはNG。

BUSINESS RULES

クールビズスタイル
暑い夏を快適に過ごすためのビジネススタイル。カジュアルにしつつも、清潔感は忘れずに！

上着を脱ぎ、シャツだけに。ノーネクタイで、襟元のボタンをひとつあける。

ジャケットのインにシャツではなく、V ネックの白カットソーを合わせる。

半袖のポロシャツにベージュのパンツ。爽やかな配色で好感度もアップ。

chapter 1

IMAGE UP

03

ビジネス小物の選び方

良質な小物の選び方が評価につながる

基本はベーシックなデザインが求められるビジネスシーン。その分、小物選びにその人のセンスや人柄が表れます。品のよいアイテムを持っていると印象もアップ。あまりにチープなものやキャラクターものは軽く見られてしまうこともあります。見た目だけでなく、機能性の高さも重要ポイント。ブランドにこだわらず、長く使える良質なアイテムを選びたいですね。

Watches
腕時計

腕時計は必ずつける。文字盤がシンプルなものがよい。スーツスタイルに合わないような色やデザインのものは避ける。

Bag
バッグ

バッグは床に置くシーンが多い。**底に鋲がついているタイプ**だと自立するのでスマート。中身が見えるとだらしないので、**ファスナーがついているタイプ**のものが望ましい。とくに訪問時は気をつける。

Phone Case
スマートフォンケース

Pocketbook & Pen
手帳 & 筆記具

Card Holder
名刺入れ

ベーシックなものが好ましいが、フランクな場では、遊び心のあるケースが話のきっかけになることも。

シンプルなカバーのビジネス手帳。女性は少し遊び心のあるタイプでもよいが、キャラクターものや安っぽいものは避ける。ペンも軽々しく見えるものはNG。

初対面の人の前だと、必ず出すことになる名刺入れ。革製のシンプルな**二つ折りのもの**がおすすめ。

BUSINESS RULES

会社に置いておく小物

いざというときに役に立つアイテムの一例を紹介します。備えあれば憂いなし。机の引き出しの中やバッグに入れておきましょう。

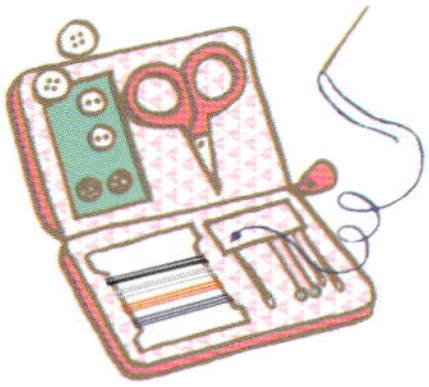
ソーイングセット

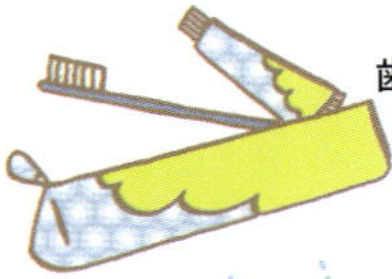
歯ブラシ

ストッキング

折りたたみ傘

chapter 1

IMAGE UP

04 挨拶の基本

挨拶をするときの注意点

Expression

表情

優しく爽やかな印象を与える**自然な笑顔**で。口の両端を持ち上げるように。

Voice

声のトーン

やや高めにすると明るい印象になる。語尾を上げたり伸ばしたりしないように、ハキハキと発声する。

Pose

姿勢

体全体を相手に向けて、**背筋はまっすぐ伸ばす。**

自分から進んで挨拶することの重要性

日常生活ではもちろん、ビジネスでも挨拶は人付き合いの基本です。とはいえ、よく知らない人に話しかけるのは緊張するもの。とくに初対面の相手には、声かけを戸惑うこともあるでしょう。それでも常に爽やかで礼儀正しい挨拶を心がけていれば、自然とよい評価を得られるはずです。挨拶は目下のものから目上のものに対してするのが基本。上司や先輩に声をかけられる前に、挨拶をするよう意識するのが重要です。

社内での
シーン別の
挨拶

外出するとき

「行ってまいります」

社内で人に会ったとき

「お疲れさまです」

朝に出社したとき

「おはようございます」

夕方に退社するとき

「お先に失礼いたします」

帰社した人を迎えるとき

「お帰りなさい」

帰社したとき

「ただいま、戻りました」

BUSINESS RULES

上司や先輩が帰るときに、「ご苦労さまでした」と言うのはNG。ご苦労さまは立場が上の人が下の人に使う言葉です。

chapter 1

IMAGE UP

05 正しいお辞儀・立ち姿

敬礼

さまざまな状況で使われる一般的なお辞儀の仕方

腰を約30度倒し、目線を下に向けるお辞儀。来客の出迎えや、客先を訪問したときなど、幅広いシチュエーションで使います。目線を足元から1.2～1.5mほど先に落とすのが目安。起き上がったらもう一度相手と目を合わせます。

会釈

すれ違うときなどにする軽いお辞儀

角度約15度を目安に、腰を軽く倒すお辞儀。上司や来客、廊下ですれ違うときなどは会釈でかまいません。すれ違うときでも一度止まってお辞儀をします。目線は自分の足元から1.5～2mほど先に落とすイメージ。上司から指示を受けたときや、部屋の出入りのときにも使います。

立ち姿

背筋をピンと伸ばして おへそのあたりで手を組む

あごを引き、まっすぐ前を見て、背筋を伸ばしてすっと立ちます。女性はおへその少し下で手を組むのが基本。そのときは左手を上にするとよいとされています。自然に横に下ろしてもいいでしょう。足はかかとをつけ、つま先をこぶし1個分ほど開きます。

最敬礼

感謝や謝罪の気持ちを伝える 一番ていねいなお辞儀

約45度の角度で腰を倒し、目線を1mほど先に落とす改まったお辞儀の仕方です。深い感謝の気持ちを伝えるときや、正式な謝罪などの場で使います。来客時のお見送りの際にもよく使います。頭を下げたあとは、ふた呼吸ほどおいてゆっくり顔を上げます。

POINT

首だけ下げるお辞儀や、あまりにも早く起き上がるお辞儀は失礼な印象になるのでNG。

chapter 1

IMAGE UP

06 自己紹介

Good example

良い例

はじめまして、
私、AKBカンパニーの
加藤玲奈と
申します。
このたび、
御社の担当を
させていただく
ことになりました。
精一杯努めて
まいりますので、
どうぞよろしく
お願いいたします。

重要なのは内容よりも見た目や声の出し方

これからお付き合いを始める人には明るく感じのよい自己紹介を。**第一印象は、記憶に強く長く残る**と言われているので、よい印象を伝えることが重要です。自然な笑顔で相手の目を見ながら話しましょう。ここでポイントとなるのは、見た目や発声です。**少し声のトーンを高く、ハキハキと元気に話す**と好感度が上がります。また、初対面でまず覚えてもらいたいのが名前。相手の印象に残る伝え方を考えておくとよいでしょう。

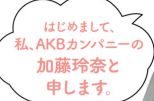

Bad example
悪い例

れなっちって
呼んでください！

NG ビジネスの場では、さすがに NG。

ぶっちゃけ、
めんどくさくないっすか？

NG タメ口は避ける。「〜っすか？」はビジネスシーンにふさわしくありません。

目線をキョロキョロ。
相手を見ないで話す。

NG 話すときは、相手の顔を見るのが基本。集中力がなく見えます。

BUSINESS RULES

自己紹介のコツ

- 自己紹介は明るく、ハキハキと
- 名前だけは覚えてもらおう
- 印象的な情報を伝えると、相手の記憶に残りやすい

PHRASEOLOGY

正しい 言葉づかい

社会人にとって、正しい敬語が使えることはとても大切です。
言葉づかいひとつで、その会社の印象も変わります。
この章では、シーン別によく使うフレーズを紹介しています。
社会人として恥ずかしくない言葉づかいを身につけましょう。

01 尊敬語・謙譲語・丁寧語の使い分け
02 社内＆社外の人への挨拶
03 指示を受ける際の言葉づかい
04 上司への報告と連絡をする際の言葉
05 質問や依頼する際の言葉
06 断りの際に使用する言葉
07 お詫びの際の言葉
08 来客応対の言葉
09 会議やプレゼン時の言葉づかい
10 その他のシーンでの言葉づかい

chapter 2

お昼どき
田中さん、昼食はお済みになられましたか？
え？まだだけど…。木﨑さん、それ二重敬語になってますよ「昼食はお済みですか？」が正しいわね
そうなんですね！失礼いたしました！
ねー！うちのネコ可愛いでしょ～！
見てるだけで癒されるの～
あ、時間やばいですね行かなきゃ～
そ…そうね…
モヤモヤ

あれ？先輩どうしたんすかぁ？
うん、一応昼休みとはいえ、先輩にタメ口はよくないよ
はぁ
あ…！申し訳ございません
すぐタメ口になってしまうのはわたくしの不徳のいたすところであります!!
まあまあ…今日は私のおごりね
誠にかたじけのうござりまする
武士かよっ!!
ビシッ
正しい言葉づかいについては次のページから学んでいこう！

chapter 2

PHRASEOLOGY

01

尊敬語・謙譲語・丁寧語の使い分け

敬語の種類を覚えて適切な言葉づかいを

社会人として敬語の知識は、基礎として覚えておきたいことのひとつです。敬語には大きく分けて、尊敬語、謙譲語、丁寧語の3種類があります。相手や場面に合わせて、適切に使いこなせるよう、違いを覚えておきましょう。尊敬語は相手の立場を高め、謙譲語は自分の立場を低めることで相手に敬意を示す言葉です。尊敬語を重ねると、二重敬語となり、間違った文法となってしまうので注意しましょう。

こちらの書類をご覧ください

尊敬語

相手側の行為や物事について高めて、**相手を立てる**表現。

いまからお伺いいたします

謙譲語

自分側の行為や物事について、**へりくだることで相手を立てる**表現。

会議室は2階でございます

丁寧語

物事をていねいに言う言葉。**「です」「ます」「ございます」**など。相手や内容は問わない。

敬語の一覧表

用語	尊敬語	謙譲語	丁寧語
言う	おっしゃる	申す、申し上げる	言います
聞く	お聞きになる	伺う	聞きます
読む	お読みになる	お読みする	読みます
帰る	お帰りになる	失礼する	帰ります
見る	ご覧になる	拝見する	見ます
知っている	ご存知	存じ上げる	知っています
する	なさる、される	いたす	します
行く	いらっしゃる	伺う、まいる	行きます
くる	いらっしゃる お越しになる おいでになる お見えになる	伺う、まいる	きます
いる	いらっしゃる	おる	います
食べる	召し上がる	いただく、頂戴する	食べます

BUSINESS RULES

敬語を使うべき人はどんな人？

ビジネスにおいては、基本は敬語で話します。同期や後輩でも丁寧語を使って、砕けすぎないようにしましょう。

二重敬語と混同敬語に注意

お電話はお済みになられましたか？
NG

二重敬語とは

「お済みになる」
＋
「れる・られる」

一つの単語に、二つの敬語が交じった状態。ていねいになりすぎて印象が悪くなる場合も。

OK お電話はお済みですか？

NG
どこにあると申されましたか？

混同敬語とは

「申す」
（謙譲語）
＋
「れる・られる」
（尊敬語）

謙譲語と尊敬語が重ねられた状態。謙譲語に尊敬語をつけても尊敬語にはならない。

OK どちらにあるとおっしゃいましたでしょうか。

よくある言葉づかいNG例

NG		OK
ご注文のほうは、以上でよろしかったでしょうか？	▶	ご注文は、以上でよろしいですか？
こちらAランチになります	▶	こちらは、Aランチでございます
5,000円からお預かりします	▶	5,000円、お預かりいたします

↑ 間違った言葉

避ける言葉

- ～っていうか○○です
- 資料とかありますか？
- 時間やばいですね

「ていうか、とか、やばい」などは、すべて避けるべき言葉。ビジネスシーンでは使わないこと。

BUSINESS RULES

言葉選びは慎重に！

- 自分の言動が会社のイメージにつながることを忘れずに
- 相手を不快にさせる言葉は使わない
- 二重敬語に気をつける

02 社内&社外の人への挨拶

社内の人への挨拶の注意点

同僚にも敬語を使う

ビジネスの場面では、**同僚に対しても丁寧語を基本とした敬語**で話すこと。いまは「○○さん」が一般的。

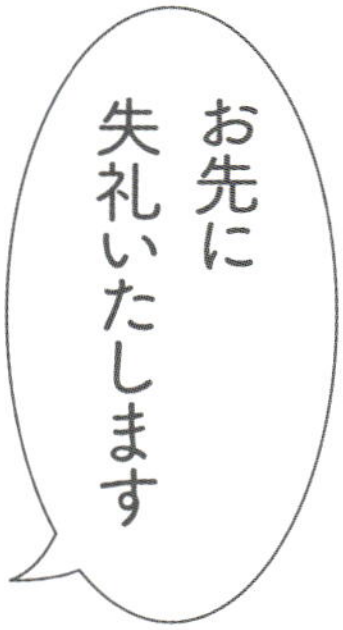

何も言わずに帰るのはNG！

自分が先に帰る場合は、**「お先に失礼いたします」**と挨拶をしてから退社すること。

社内の人への挨拶

外出するとき

○ ～へ行ってまいります
または　行ってきます

×（何も言わない）

外出先から自分が戻ってきたとき

○ ただいま戻りました

×（声をかけずに席へ向かう）

外出した人が戻ってきたとき

○ お帰りなさい

× ご苦労さまです

前日にお世話になったとき

○ 昨日はありがとうございました

×（何も言わない）

社外の人への挨拶

基本の挨拶

○ いつもお世話になっております

× お世話さまです

久しぶりに会ったとき

○ ご無沙汰いたしております

× お久しぶり

物を受け取ったとき

○ 頂戴いたします

× どうも

恐縮な気持ちを伝えるとき

○ 恐れ入ります

× すみません

BUSINESS RULES

社内&社外の人への言葉づかいのポイント

- 後輩にも砕けすぎない言葉で挨拶しよう
- 社内の人と社外の人に使う敬語の区別を
- お客様（他人）と自社（身内）という認識を持つ

chapter 2

PHRASEOLOGY

03

指示を受ける際の言葉づかい

指示を受けるときの注意点

「了解しました」「了解です」はNG！

指示を受けたときは、**「かしこまりました」「承知しました」「承りました」**を使う。明るく爽やかに。

やる気と熱意をしっかり伝える

どんな仕事でも、**指示された仕事は快く受ける。**そのためにも、呼ばれたらすぐ返事をし、復唱、確認は必須。

よく使う回答例

残業を断るとき

○ 本日はどうしても外せない用事があるのですが、明日では…

× すみません、今日は用事があるのでできません

提出期限を確認するとき

○ はい、承知いたしました。木曜日の午後までにお持ちいたします

× 了解しました。今週中にやります

上司から呼ばれたとき

○ はい、ただいままいります

× （無言）

説明を聞き返すとき

○ 申し訳ございません。〇〇についてもう一度ご説明いただけますか？

× すみません、言っている意味がよくわかりません

仕事が重なって手いっぱいのとき

○ こちらの案件が本日中なのですが、どちらを優先すればよろしいでしょうか

× 忙しいのでできません

上司からわかっているか確認されたとき

○ 承知しております

× わかってます

BUSINESS RULES

上司から指示を受けたときの心得

- 呼ばれたらすぐ明るい返事をする
- メモをとり、確実に復唱する
- 不明な点は必ず確認する

chapter 2

PHRASEOLOGY

04

上司への報告と連絡をする際の言葉

上司への報告と連絡をするときの注意点

明日の打合せは、来週の火曜日に変更になりました

根拠やプロセスも明確に

端的すぎて雑にならないように注意すること。**必要な情報は省略せず**、正確に伝えることが大切。どのようにして結論に至ったかのプロセスも伝えること。

用件はできるだけ簡潔に！

報告は、結論から**簡潔にわかりやすく伝えて**、言い訳などは言わないこと。「たぶん」「おそらく」などのあいまいな言葉を使わないように。

よく使う敬語の例

報告が遅れたとき

○ ご報告が遅れて、申し訳ございません

× 遅れちゃって、すみません

上司に質問したいとき

○ お伺いしたい点がございます

× ○○がわからないんですけど

仕事の経過を報告するとき

○ ～のお返事は、来週の火曜日にいただくことになっております

× ～の返事は来週だと思うんですけど

資料を見たかどうか確認したいとき

○ ～は、ご覧になっていただけましたでしょうか

× ～は拝見されましたでしょうか

内線で不在を伝えるとき

○ 部長はただいま、席を外しております

× 部長はいません

忙しい上司に報告するとき

○ ○○の件でいま、5 分ほどお時間いただいてもよろしいでしょうか

× すみません…あの～

BUSINESS RULES

用件をまとめるときのポイント

- 最初に件数、結論を話す
- 短い言葉で、ていねいに伝える
- ゆっくりと落ち着いて話す

chapter 2

PHRASEOLOGY

05

質問や依頼する際の言葉

お願いをするときの形を覚える

お願いをするときは、内容に入る前にクッション言葉をつけ、最後を依頼形にして相手に判断を委ねるようにすることで、相手の都合や気持ちに配慮した感じのよい言い方になります。

質問や依頼をするときの注意点

こちらの都合でのお願いは依頼形に

「お待ちください」より「お待ちいただけますでしょうか」など、**「ください」より「〜でしょうか」**を使うと感じがよい。

知識のある相手に敬意を表す

相手から手ほどきを受ける際は、**「ぜひともご教授ください」**など、敬意を表す。

クッション言葉を使う

「恐れ入りますが」などの**クッション言葉を加えてから**、相手に依頼する。お願いの場面でよく使うので覚えておこう。

POINT

「お手数ですが」「失礼ですが」「お差し支えなければ」など、クッション言葉を使いこなしましょう。

質問や依頼の言葉一覧表

○ 良い例	× 悪い例
いかがいたしましょうか？	どうしますか？
○○の件で、少々おたずねしてもよろしいでしょうか？	質問です
○○の資料を作成しましたので、ご確認いただけますでしょうか？	○○の資料を確認してください
折り入ってご相談したいことがあるのですが…	聞いてください…実は…
○○の件は、その後いかがでしょうか？	○○の件は、まだですか？
明日までお待ちいただけませんでしょうか？	明日まで待ってください

BUSINESS RULES

質問するときのポイント

- 「いまお時間よろしいですか」と確認してから尋ねる
- 相手の話をすべて聞いてから
- 相手の回答には「ご」をつける

chapter 2

PHRASEOLOGY

06

断りの際に使用する言葉

感じよく断る技術を身につける

どうしても断らなければならない場面は意外と多くあります。そんなときは、否定的な表現は避け、はっきり、かつ感じよくお断りする言葉を使いましょう。できるだけ相手に不快な思いをさせずに断ることが重要です。

断るときの注意点

否定的な表現はNG！

「できません」と言うより、**「いたしかねます」**などのやわらかい表現を。

「今回は」を使う

断りの際に**「今回は」**をつけることで、これからも続いていく関係性を強調できる。

提案をする

「これはできないが、これならできる」という、代替となる提案をする。

POINT

最初に、本当は断りたくないというニュアンスの言葉を入れることで、やわらかい表現に！

断りの言葉一覧表

○ 良い例	× 悪い例
申し訳ございませんが、 あいにく○○はいたしかねます	○○は無理です
せっかくお誘いいただいたのに 申し訳ありませんが	急に言われても 困ります
本日はどうしても 外せない予定があり…	今日は無理です
ぜひお受けしたいところですが…	受けられません
ただいまあいにく 立て込んでおりますが、 明日でもよろしいでしょうか	いまは忙しいので むずかしいです

BUSINESS RULES

断る際の言葉づかいのまとめ

- 最初に残念な気持ちを表す
- 相手を傷つけない言葉で伝える
- ワンクッションとなる言葉を加える

chapter 2

PHRASEOLOGY

07

お詫びの際の言葉

具体的な対応案を伝えながら謝罪する

ミスをしたときは誰でも動揺しますが、落ち着いて、素直に謝罪しましょう。ミスが発覚したらできるだけ早く上司に報告するのが原則。その際に、ミスの内容を具体的に説明して対応案を提示します。

お詫びをするときの注意点

心から反省の気持ちを込める

ミスしたら、まずは謝罪！**誠意を持って気持ちを伝える**ことが重要。言い訳せず素直に謝罪する。

ミスの原因を明確にする

なぜミスしてしまったのかを結論優先で**簡潔かつわかりやすく**説明する。

具体的な対応案を提示する

同じミスを繰り返さないように、**対応案を提示する**。なるべく具体的に内容を伝える。

POINT

「謝罪、原因、対応案」の3つを相手に落ちついて伝えよう。

謝罪の言葉一覧表

○ 良い例	× 悪い例
申し訳ございません	ごめんなさい
失念しておりました	忘れていました
私の勉強不足で 申し訳ございません	知らなくてすみません
二度とこのようなことの ないよう、注意いたします	二度としません
私の思い違いでした	間違っていたかもしれません
ご指摘の通りでございます	そうです
肝に銘じます	忘れないようにします

BUSINESS RULES

お詫びするときのポイント

- 言い訳がましくならないように
- 言葉に心を込めて伝える
- 少し過剰になっても問題なし

chapter 2

PHRASEOLOGY

08

来客応対の言葉

来客応対の敬語の注意点

表情や立ち居振る舞いも大切！

方向を示すときには**手の平を見せて案内する。**笑顔で目を合わせる。

積極的に声をかける

最初に**「いらっしゃいませ」**と声をかける。自分のお客様でなくとも、素早く動く。

会社の代表という自覚を持とう

自分の会社に、社外の人が訪問してきたときは、積極的に応対しましょう。自分が会社の代表であるという自覚を持ち、言葉づかいだけでなく、姿勢や動作にも気をつけて、会社のイメージアップにつながるような応対をしましょう。

POINT

いつでもお客様の応対ができるよう、日頃から身だしなみは整えておきましょう。

来客応対の言葉一覧表

○ 良い例	× 悪い例
応接室へご案内いたします	こっちへどうぞ
どうぞお乗りください	乗ってください
どうぞ中へお入りください	入ってください
お茶をお持ちいたしました	お茶を持ってきました
お荷物（コート）を お預かりいたしましょうか	荷物を預かります
ただいま○○を 呼んでまいります	いま○○を呼んできます
おかけになってお待ちください	座って待っていてください

BUSINESS RULES

来客応対のポイント

- 笑顔で積極的に応対する
- 約束の有無を確認する
- 「ようこそ」が伝わるような
  ていねいな言動を心がける
- 社内の人間のことは謙譲語で話す

chapter 2

PHRASEOLOGY

09

会議やプレゼン時の言葉づかい

会議やプレゼン時の注意点

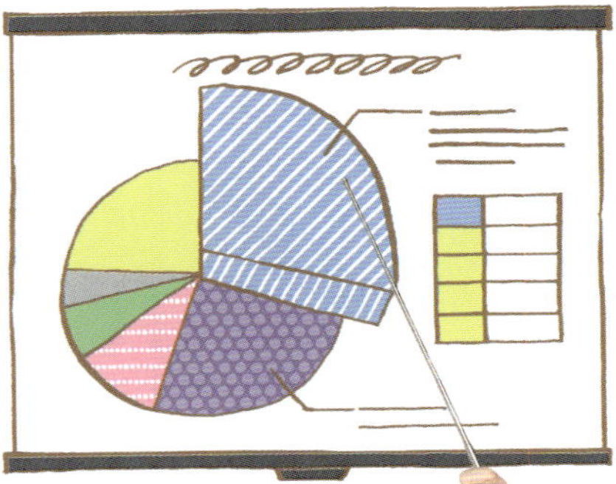

話の組み立てを考える

聞いている人がすぐにわかるように、**ストーリー展開を考える**。だらだらと話さないこと。

お客様や上司への敬語を使い分ける

プレゼンは、お客様や上司に対して行うことが多いもの。**誰が社内の人なのかを考え**、状況に応じた敬語を使う。

過剰な敬語は使わない

ていねいに話そうとすると、**二重敬語が多くなったり**「〜させていただきます」ばかりになり、逆効果となる。

大事なプレゼンはリハーサルを

発表する内容と言葉づかいに間違いはないかなど、**事前に上司や先輩にチェックしてもらう**。

会議や プレゼンの 言葉

〇 良い例	✕ 悪い例
○○についてご説明いたします	○○について説明させていただきたいと思います
ご質問などがあれば、お答えいたします	質問とかあれば聞いてください
○○さんのご意見をお聞かせください	○○さんはどう思いますか？
課長のご意見はごもっともですね。ただ、○○という見方もできそうですが、いかがでしょうか？	お言葉を返すようですが、私は反対です
○○について、もう少し詳しくご説明いただけませんでしょうか？	もっとわかりやすく説明してもらえますか？
課長のおっしゃる通りです	課長の言う通りでいいです
質問してもよろしいでしょうか？	ちょっと質問があります

BUSINESS RULES

会議やプレゼンでの発言のポイント

- ゆっくり、はっきり聞きやすい声で
- 尊敬語と謙譲語の使い分けに注意
- 書類だけではなく、聞いている人に目を向けて話すこと

chapter 2

PHRASEOLOGY

10

その他のシーンでの言葉づかい

会社の一員であることを忘れない

職場でも、ビジネスシーンにふさわしい言葉を使いましょう。職場には、年齢、役職、雇用形態が違うなど、さまざまな人がいます。よい関係を築くためにも**敬語の使い分け**はもちろん、**気づかいの言葉を添えること**も心がけましょう。

職場での言葉づかいの注意点

社内の人にも印象のよい言葉づかいを

社内の人と話すときも、丁寧語が基本。なれなれしい言葉や幼さが残る言葉は信頼感を損なう。

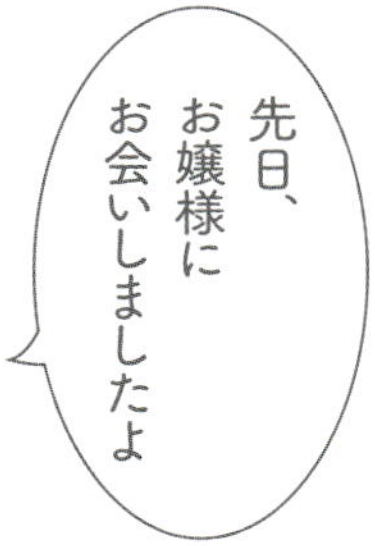

すべての人に感じのよい言葉を

配達物を持ってきてくれる人、清掃してくれる人にも**笑顔で感じよい言葉で話す。**

POINT

仕事中は同僚だからといって、フランクすぎる話し方はNGです。

職場で使う言葉一覧表

	○ 良い例	× 悪い例
社内の人向け	コーヒーをお飲みになりますか？	コーヒー飲む？
	○○社の○○さんを ご存知ですか？	○○社の○○さんを 知ってる？
	年末年始のご予定は おありですか？	年末年始は何してるの？

	○ 良い例	× 悪い例
社外の人向け	最近も、テニスを なさっていますか？	最近もテニスしてるの？
	どうかなさいましたか？	どうしたの？
	こちらのお席、空いていますか？	ここ、いい？

BUSINESS RULES

職場における言葉づかい

- 相手に合わせて敬語の使い分けをしよう
- なれなれしい言葉や横柄な言葉は NG
- 気づかいのひと言を加える

BUSINESS MANNER

社会人一年生のビジネスマナー

正しい言葉づかいを学んだあとは、社会人として
覚えておきたいマナーを具体的に学んでいきましょう。
社内でのマナーはもちろん、来客や接待の場面でも
あわてることがないように基本をしっかり押さえ、
日々の仕事やコミュニケーションに役立ててください。

01 職場でのマナー
02 デスク周りの整理
03 入退室と正しい座り方
04 指示の受け方
05 遅刻・欠勤・早退の連絡
06 仕事でミスをしたときの対処法
07 電話応対
08 クレーム電話の対処
09 携帯電話のマナー
10 Eメールのマナー
11 FAXと送信書の書き方
12 来客時の対応
13 お茶の淹れ方・出し方
14 名刺交換の仕方
15 応接室の席次
16 会議室の席次
17 乗り物・エレベーターのマナー
18 訪問時のマナー
19 個人宅を訪問するときのマナー
20 接待時のマナー
21 社内での飲み会のマナー
22 幹事になったときの心がまえ

chapter 3

お仕事ルールマンガ③「社外の人への対応」

数時間後
AKBカンパニー
はい！ ありがとうございます！ 今後ともよろしく お願いいたします！
OK
見積
よかったわね
これからは気をつけます 大変申し訳ございませんでした
やれば できる じゃ な〜い
よっしゃ次だー！ 見積りバンバン作るゾー!!
エイエイオー!!
ビジネスマナーについては次のページから学んでいこう！

就業中のマナー

chapter 3

BUSINESS MANNER

01 職場でのマナー

返事をする

指示を受けたときは、**はっきりと返事を**。小声やあいまいな返事では信頼が得にくい。

ハキハキと話す

上司と話すときは、明るくハキハキと。**疑問点や質問があるときは、その場で解決していこう。**

周囲に声をかける

席を外すときは、**周りに行き先や、どのくらい不在にするか**を伝える。黙って離席するのはNG。

無駄話は控える

仕事中の同僚との私語は慎む。私的な用事があるときは休憩時間や終業後に話すこと。

メモをとる

仕事の指示は必ずメモをとり、記録に残すことが大事。メモをとることで、相手も安心する。

出勤時・退社時のマナー

用件を伝えてから帰宅する

休暇や研修などで、翌日から不在にする場合は、**上司に必要となりそうな要件を伝えてから**帰る。

始業時間よりも早く出社する

負担になるほど早く出社する必要はないが、**始業時間の前には仕事を始める準備をし、その日のタスクを確認する。**

BUSINESS RULES

常に見られているという意識を！

- 時間前に行動するクセをつける
- 話すときは明るくハキハキと
- 指示を受けるときはメモをとる

挨拶する

出勤時や退社時は、上司や同僚の**目を見てきちんと挨拶する**こと。印象もアップする。

02 デスク周りの整理

Good example
良い例

よく使う書類

よく使う書類は、すぐに手が届く場所へ。すき間をあけて、取り出しやすいようにしておく。

ときどき見返す書類

使用頻度が低いものは、座っている位置から**遠いところへ配置**。ファイルで分類しておく。

文具は一ヵ所にまとめる

文房具はペン立てなどで**一ヵ所にまとめる**。デスクの一番上の引き出しに入れるのもOK。

必要なもの以外は置かない

デスクの上には、**現在進めている仕事以外のものを広げない**こと。書類が交ざるなどの混乱も避けられる。退社するときは書類などを広げたままにせず、後片付けをきちんとする。

作業を効率化する デスク周りのアイデア

デスクトップ　Desktop

案件ごとにフォルダを分ける。データの管理や整理の仕方は**職場によって異なる**ので、しっかり確認を。

書類　Documents

職場の保管期限のルールにしたがって、**いらない書類は処分**する。脳内をリフレッシュする効果も。

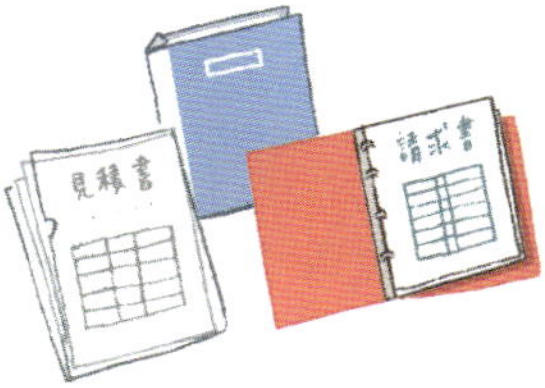

私物　Private property

通勤バッグや弁当箱、コスメポーチなどの**私物は目立たない場所にまとめて**おく。

ファイリング　Filing

資料は案件ごとにまとめる。こうすると、仕事が一段落したときに処分するのも容易になる。

POINT　デスクの様子で評価が変わる！

- デスクの上は常に整理整頓しておこう
- 書類やパソコンも案件ごとに
フォルダをまとめる
- 書類を捨てるときは、
シュレッダーなどを使って処分する

chapter 3

BUSINESS MANNER

03

入退室と正しい座り方

入退室の仕方

1 ノックする

はじめに**ドアをノック**。「失礼いたします」と言ってドアを開ける。

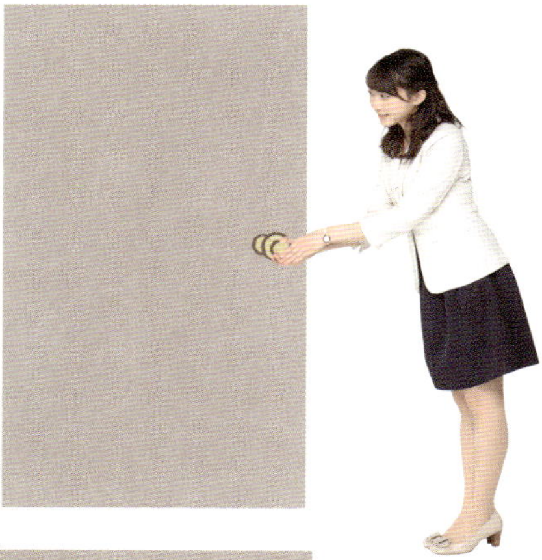

2 ドアを閉める

入室したら、ドアのほうを向いて**両手でドアを閉める**。後ろ手に閉めるのは失礼にあたるので注意。

3 お辞儀する

ドアを閉めたら**相手のほうを向き、一礼する**（P22参照）。

正しい座り方

Good example
良い例

あごを引いてまっすぐ前を見る。背筋はピンと伸ばす。

膝を閉じ、左手を上に両手を重ね、膝の上にのせる。

足先はそろえる。女性の場合、イスが低いときは足をそろえて斜めに流す。

背もたれは使わない。

Bad example
悪い例

背もたれに寄りかかる。

足をだらしなく開いたり、足を組むのも NG。

猫背、もしくは反っている。

BUSINESS RULES

- 部屋に入るときも、礼儀正しく手順を踏むこと
- ドアは静かに閉める
- 座るときは音を立てず静かに
- 座る姿勢で、印象が大きく変わる

chapter 3

BUSINESS MANNER

04

指示の受け方

指示を受けるときの注意点

1 メモをとる

相手の斜め前に立って話を聞く。日時、金額、場所など、指示はすべてメモをとる。

2 指示内容を復唱する

「復唱いたします」と伝えてから、**指示された内容を繰り返し**、認識に間違いがないか、確認する。

3 不明な点は質問する

途中で疑問が浮かんでも、**相手の話をさえぎらない**こと。話が終わったらまとめて質問する。

4 用件が重なったら確認する

自分のタスクと突き合わせをしつつ、**優先順位がわからなかったら確認する**。スケジュールが厳しいときはその旨を相談する。

「ホウ・レン・ソウ」は社会人の基本！

報告する

直属の上司には、常に自分の状況を伝えておくのが大切。ただし、相手も仕事の最中であることを意識して、**相手の都合を確認する**こと。短時間で済ませられるように、内容は簡潔にまとめておく。

連絡する

連絡は、必要な人に必要な情報を確実に伝えることが重要。状況に合わせて、**メールと電話を併用する**などの工夫を。伝えてもよい内容か不明なときは、上司に確認する。

相談する

細かいことでも、自分で判断がつかないようなことがあれば、**事前に上司など周りに相談しておく**ことが大切。自分の勝手な憶測で判断するとトラブルに発展することもあるので注意すること。

POINT

5W3Hを押さえる！

5W

When —— いつ
Where —— どこで
Who —— 誰が
What —— 何を
Why —— なぜ

3H

How —— どのように
How many —— どのくらい
How much —— いくら

05 遅刻・欠勤・早退の連絡

メールではなく口頭で直接伝えよう

ときには体調を崩してしまったり、突発的な事態や用事などが急に入ってしまうこともあります。そんなときはできるだけ早めに、**直属の上司に連絡・相談することが重要。**連絡はメールで済まそうとせず、基本は電話で伝えるのがルールです。メールは一方的な連絡なので、**相手がその場で質問や確認できる電話のほうが適切**です。来客予定などがあれば、その対応なども相談しましょう。

遅刻の連絡は必ず電話で！

列車の遅延など、やむを得ない理由で遅刻するときは、**直属の上司に電話をかける**ことが基本。会社に着いたら、上司の席の前に行き、**必ず謝罪と出社の報告**をする。

メールの連絡はやむを得ない場合のみ

通勤途中で列車が止まり車中にいて電話ができない場合は、メールでの連絡でも大丈夫。ただし、**電話ができる状況になったら、必ず電話でも連絡**すること。最近はLINEやメッセンジャーなど便利な連絡手段が多くなってきたが、ビジネスの場ではまだ一般的ではないと思われるので使用は避けたほうがよい。

欠勤・早退するときのマナー

わかっているときは早めに上司に伝える

予定がわかっている場合は、**あらかじめ上司に伝えて相談**を。有給休暇を使う場合は申請もしておく。

家庭の事情で来週の火曜日はお休みをいただきたいのですが

急に欠勤するときは電話で連絡を

始業時間の前までに、**上司に電話で連絡を。**離席中の場合は、伝言をお願いして再度かけ直す。

本日、高熱が出てしまったので休んでもよろしいでしょうか

早退するときは上司に口頭で伝える

理由を話して上司に相談すること。急ぎの仕事がある場合は、周りの人に引き継ぎをしてから退社する。

少し具合が悪いので早退させてください

BUSINESS RULES

直接伝えることが基本！

- 遅刻・欠勤・早退の連絡は必ず口頭で
- やむを得ないときはひとまずメールでも OK
- 次に出社したときはお礼とお詫びを忘れずに

chapter 3

BUSINESS MANNER

06

仕事でミスをしたときの対処法

ミスの発覚から謝罪までの流れ

1 報告する

ミスが発覚したら、**できるだけ早く上司に報告**を。事故処理は、早ければ早いほどいい。報告が遅れることでさらに大きなトラブルになることも。ミスしたことで周りに迷惑をかけた場合は、その対処方法も相談する。

2 整理する

上司への報告が済んだら、ひと呼吸おいてこれまでの経過を振り返り、どこでミスをしてしまったのか、**原因はなんなのかを突き止める**。失敗をごまかそうとして他人のせいにしたり、もみ消すのは絶対にNG。

3 謝る

取引先からクレームが入っているときは、自分一人ではなく**上司と謝罪に行く場合もある**。なによりも重要なのは**同じミスを二度としないこと**。

謝罪するときの注意点

NG

笑いながら話すのはNG！

重大な出来事を伝えるときに、緊張のあまりニヤニヤと笑いながら話してしまう人がいる。しかし、これは絶対にNG。本人にそこまで悪気はないのかもしれないが、確実に相手を怒らせてしまう。また、**笑いながら話すということは、心の中では自分は悪いことをしていない**と思っているという心理の表れともとられてしまう。

NG

相手が感情的になっているときにこちらの言い分を話さない

相手が感情的に怒っているときは、言い返したり、こちらの都合を言ったりしない。主張をひと通り聞いて、冷静になるまで待つことが大切。**途中で言い訳や反論などをすると、火に油を注ぐ**ことになる。また、上司が謝罪しているときに横から口をはさむのもNG。上司から一歩下がったところに控え、様子を見て上司の行動にならうようにするのがベスト。

BUSINESS RULES

こんなところにも気をつけて！

- ✕ 責任転嫁をする
- ✕ 反論する
- ✕ 自らが感情的になる

→謝罪の言葉づかいはP44へ

07 電話応対

電話をとるときの姿勢

笑顔で話す

第一声は口角を上げ、**笑顔をキープしながら話す**と、相手によい印象を伝えることができる。

メモをとる

必ずメモを準備。話の**内容をメモにとり**、復唱する。伝言は、伝え漏れのないよう注意する。

電話応対は会社の顔！姿勢や態度が声に表れる

電話では、お互いの表情や態度など、目から入る情報がないため、声の印象のよさが必要になります。喜んでお受けするという気持ちが相手に伝わるように、声のトーンを高く、ハキハキと明るく話しましょう。また、記録が残らないため、必ずメモをとり、復唱確認をすることも大切です。自分の応対が会社のイメージを左右するということを忘れずに応対しましょう。

電話応対のマナー

Good example
良い例

名指し人が不在のときは**「こちらからかけ直す」と伝える**のが基本。戻る予定の時刻を伝えておくとスムーズ。

電話をとったらまず会社名を伝える。相手が名乗ったら、**「いつもお世話になっております」**と挨拶する。

Bad example
悪い例

声が暗かったり、不機嫌な声を出してしまうと、会社の評判を落としかねないので要注意。

わからないことを聞かれたときは、**わかる人に代わるか、確認してかけ直す**など、前向きな回答を。

BUSINESS RULES

英語のときの応対、どうする？

電話の相手が英語で話しても、あわてずに対応できるようある程度のフレーズは覚えておきたいところ。「はい、○○カンパニーです」は「This is ○○ company.」、「木﨑です」は「I'm KIZAKI」でOK。中学校レベルの英語でも、ある程度会話することができる。

電話の取り次ぎの仕方

電話をとる　……　3コール以内に！

名乗る
はい、AKBカンパニーでございます

↓

相手の名乗り
○×株式会社の田中と申します。
お世話になっております

↓

挨拶
○×株式会社の
田中様でいらっしゃいますね。
いつもお世話になっております

↓

恐れ入りますが、
佐藤さんはいらっしゃいますか？

↓

佐藤でございますね。
少々お待ちくださいませ

担当者が不在のとき

↓

お待たせいたしました。申し訳ございません。
あいにく佐藤は外出しております。
14:00に戻る予定ですので、
戻り次第こちらからお電話いたしましょうか？

↓

はい、よろしくお願いいたします

↓

かしこまりました。
恐れ入りますが念のため、お電話番号を
教えていただけますでしょうか？

↓

0000-××××です

↓

0000-××××ですね。
佐藤に申し伝えます。
私、加藤が承りました

↓

よろしくお願いいたします

↓

電話を切る
かしこまりました。
失礼いたします

担当者がいるとき

↓

内線、または呼び出し

佐藤さん、
○×株式会社の
田中様から
お電話です

↓

取り次ぐ

伝言メモの残し方

佐藤様

4月5日（水）14時5分

○×株式会社　田中様

より電話がありました

□ またお電話します

☑ 折り返しお電話をいただきたい

TEL：03-0000-××××

□ 要件は以下の通り

受信者　加藤

Date

日付

電話を受けた日付と時刻を記す。相手の会社名、氏名は必ず書くこと。

Memo

メモ

電話対応用のテンプレートを使うと便利。あてはまる項目にチェックを入れる。

Message

伝言

伝言を頼まれた場合は、読む人がすぐにわかるように必要事項を簡潔に書く。箇条書きを使うのもよい。

Name

名前

自分の名前を書く。

BUSINESS RULES

こんなメモはNG！

✕ 書きなぐったような文字のメモ

文字は相手が読めるように書くこと。数字の0と6や、1と7など見間違えやすいので注意。

✕ 書類の山の上に置く

書類に埋もれて気づかれない、などということがないように、必ずわかりやすい場所に置くこと。

電話をとるときの注意点

「お待たせいたしました」を必ず言う

3コール以上鳴った電話に出るときは、**「大変お待たせいたしました、AKBカンパニーでございます」**と応対を。

3コール以内が基本！

電話が鳴ったら、**3コール以内にとる**のが原則。朝は「おはようございます」と挨拶を加える。

受話器は利き手の反対で持つ

受話器は利き手の反対の手で持ち、利き手でメモをとること。話している間に忘れることも多いので、必ず記録に残す。

新人は積極的に電話をとる

はじめは電話をとることに緊張することもあるが、**積極的に出て慣れるのが肝心。**

電話は受けるほどにスキルが上がる！

電話応対は新人に与えられる役割のひとつ。電話に出るということは、会社の看板を背負っているといっても過言ではありません。声に冷たさがあったり、正しい敬語が使えないと、相手に悪いイメージを残してしまいます。どんなに忙しいときでも、ていねいに感じよく応対するよう心がけましょう。しかも電話に出ることで、会社の主要な取引先や担当者を覚えることができます。また、電話は相手を待たせず、3コール以内に出るのが理想です。

覚えておきたい 電話のマナー

電話のたらい回しは失礼にあたる。職場の人の担当業務をできるだけ把握する。

電話は、普通の会話以上に聞きとりにくいもの。意識的に**ゆっくり、はっきり**話すこと。

切るときは静かに。受話器をそのまま電話機に置かず、**フックを指で押して切ると**静かに切れる。

悪徳業者がセールス電話をかけてくることもある。名乗らない相手には、**必ず名前を聞くように。**

相手の名前や内容を聞き逃してしまったときは、**「恐れ入りますが」**と添えて確認すること。

BUSINESS RULES

電話にふさわしくない内容とは?

- ✕ 3人以上で確認しながら共有が必要な案件
- ✕ 細かい内容が記された書類の説明
- ✕ 長くなりそうな案件

08

クレーム電話の対処

クレーム電話を受けたときは

謝る

まずは**「相手を不快にさせてしまった」**ことに対して謝罪の言葉を伝える。

自己判断せず上司や先輩に相談する

自分で対応できない大きなクレームの場合は、**直接の担当者や上司にまず相談する。**折り返す旨を伝えていったん電話を切り、なるべく早く対処方法について連絡すること。

メモをとる

必ずメモをとりながら応対。**何が問題なのか、相手がどこに不満を感じているのか**を聞き逃さないよう注意する。

相手の勢いにのまれず落ち着いて対応しよう

クレーム電話を受けると、ついパニックになってしまうこともあります。相手の勢いにのまれて、思考が止まってしまったり、言い返したくなってしまうこともあるでしょう。しかし、反論したり「自分の担当ではありません」などと**責任回避すると、さらなる怒りを買ってしまう可能性**があります。自分も会社の一員であるということを意識して、**真摯な姿勢で相手の声に耳を傾け**、解決への糸口を探ることが重要です。

クレーム電話対処の流れ

1 謝る

はじめに**謝罪の言葉を伝える**ことからスタート。クレームに対しては、誠実かつ謙虚な態度で応対する。

↓

2 聴く

話している途中で口をはさむのはNG。相手の心情を理解するように、**最後まで相手の話に耳を傾ける**。

↓

3 事実確認する

冷静な判断や対応をするためにも、**事実確認をしてから**どのような対応をするか考える。

↓

4 具体的な対処方法を提案する

対処方法が決まったら、**いつまでに、どのように、など具体的に提案する**。一度電話を切った場合、対処方法が決まったらすぐ連絡する。

BUSINESS RULES

クレーム電話を受けたときにやってはいけないこと

× 反論する

反論は相手の怒りを増大するだけ。ぐっとこらえて、話を最後まで聞くことが重要！

× クレーム電話のたらい回しは厳禁！

クレームを受けたら、できるだけ早く処理しよう。「部署が違います」など、たらい回しは絶対にNG！

chapter 3

BUSINESS MANNER

09

携帯電話のマナー

ビジネスで携帯電話を使うときの注意点

緊急時以外は固定電話にかける

取引先の携帯電話には、**むやみにかけない**こと。相手が不在のときは、戻る時間を聞いて再度かける。

NG

騒音の多いところでかけない

周りがうるさいと、自分の声も相手の話し声も聞きとりにくい。**外でかける場合は静かな場所を選んで。**

「いま、お話ししても大丈夫ですか?」とひと言添える

いきなり要件を話すのではなく、いつでも出られる携帯電話だからこそ、**相手の状況を気づかう**のが重要。

たとえ外出先からでもメモがとれる場所で

外出先とはいえ、大切な内容を**うっかり忘れてしまわないよう**、メモがとれる場所を確保する。

覚えておきたい携帯電話のマナー

重要な内容の場合は、固定電話から固定電話にかけるのがマナー。会社の機密事項や新しい企画の立ち上げなどが、周囲に漏れてしまう可能性がある。

携帯電話で話した重要な内容は、**あとで簡潔にまとめてメールで送っておく**のも工夫のひとつ。リマインドメールを送ることで、うっかり忘れを未然に防ぐ効果がある。

相手が電話に出ない場合、着信履歴が残るからといって、そのまま切るのはNG。**留守電に伝言を入れる**。その際は、自分の名前や要件などを簡潔にまとめて。

自分の携帯電話には、**必ずロックをかけておくことが大切**。落として紛失した場合、ロックをかけていないと情報漏えいになる可能性も。

BUSINESS RULES

社外の人からプライベートの番号を聞かれたら？

携帯電話は、待ち合わせのときなどに便利な場合もあるので、状況に合わせて教えるのはOK。ただし、自分以外の電話番号を聞かれたときは、すぐに教えるのではなく、「本人から連絡させます」と伝えましょう。

chapter 3

BUSINESS MANNER

10

Eメールのマナー

Eメールを送るときの注意点

簡潔に

だらだらとした**長文メールは読みにくいのでNG**。どこが重要な部分なのかわからなくなる。

返信する

メールが届いたら必ず返信を。すぐに回答できない内容であれば、その旨をひとまず返信し、時間をいただく了承を得る。

確認する

一度送ったメールは取り消せない。**送り先は正しいか、誤変換はないか**など、送信ボタンをクリックする前に再度確認する。

ビジネスに欠かせない重要なツール!

相手との打合せや会議資料の共有など、ビジネスにメールは欠かせません。お互いの都合のよい時間に送受信ができるほか、日時や場所などの情報を記録に残せるというメリットがあります。また、同時に多人数に送ることができるCCやBCCなどの機能は大変便利です。しかし、文字だけでのコミュニケーションツールなので、冷たく事務的に伝わってしまうこともあります。メールも、ビジネス文書の一つ。ビジネス上の付き合いだという意識を忘れないように。

基本的なEメールの文例

Address
宛名
敬称がつくように事前に登録しておく。

Carbon Copy
CCは必要な場合につける
宛先人のほか、情報を共有しておきたい人がいるときはCCに入れる。

Text
本文
1行は30文字程度が目安。横に長いと読みにくいので、スクロールしなくても読めるくらいに収める。

Title
タイトル（件名）
具体的な内容を記載。社名などを入れてわかりやすくするのもよい。

Opening sentence
書き出し
時候の挨拶は省略し、「お世話になっております」程度でOK。名乗ったあと、すぐに用件に入る。

Signature
署名
会社名、所属、自分の名前、連絡先など。フォーマットを作っておき、自動署名できるように設定しておくのがおすすめ。

宛先：　○×商事　佐藤様

CC：　○×商事　田中様

件名：　面談のお礼（AKBカンパニー　加藤）

○×商事
佐藤様
（CC：田中様）

いつもお世話になっております。
AKBカンパニーの加藤でございます。

先日はお忙しいところお時間をいただき、
ありがとうございました。

いただいたご意見をこちらでまとめまして、
○月○日（月）までにご連絡いたします。

今後とも、どうぞよろしくお願い申し上げます。

++++++++++++++++++++++++++++++++++++
株式会社AKBカンパニー　営業部
加藤玲奈

東京都千代田区神田○-○-○　△△ビル11F
電話　00-0000-0000
FAX　00-0000-0000
E-mail　kato-company@aaaaa.co.jp
++++++++++++++++++++++++++++++++++++

BUSINESS RULES

CCとBCCをしっかり使い分ける
CCは便利ですが、相手のアドレスが第三者にも伝わってしまうというデメリットがあります。その場合は、BCCを使うなどの配慮が必要です。

Eメールの文例

箇条書きを上手に使う

早速のご返信、ありがとうございます。
次回の打合せの日程についてご連絡いたします。
詳細は以下の通りです。

・日時：4月 10日（月）
・場所：△×イベントスペース
・検討事項
　1）〇〇イベントにおける担当分担
　2）イベント参加費について
　3）発注業者選定

ご都合に変更がありました場合は、ご連絡ください。
何卒よろしくお願い申し上げます。

POINT

メールの本文をダラダラと長く書くのはNG。言いたいことは簡潔にまとめよう！

相手の都合を必ず聞く

このたび、ぜひ〇〇様に企画について相談をいたしたく、
ご連絡申し上げた次第でございます。
お忙しいとは存じますが、
ご都合をお知らせいただけると幸いでございます。
何卒よろしくお願い申し上げます。

BUSINESS RULES

結びのフレーズいろいろ

- ご検討いただけますと幸いです
- お返事をお待ちしております
- ご不明な点などございましたら、お知らせくださいませ

覚えておきたいEメールの注意点

メールを読むのも数が多いと、件名を見て優先順位をつけるので、**何のメールかタイトルでわかるようにする。**

NG
- お願い
- 打合せの件

OK
- お見積り再送付のお願い
- ○月○日のお打合せの件

メールで添付ファイルなどを送る場合は、**個人データや企業情報が流出しないよう**、組織のルールを守って慎重に取り扱うことが大切。

メールに添付ファイルをつけたときは、相手が見逃さないよう**「添付ファイルをご確認ください」**など、ひと言本文に入れておく。

詳しく説明をしたいときなど細かいニュアンスを伝えたい場合は、**電話や、実際に会って話をしたほうがよい場合もある。**

機種依存文字の使用は避けること。その文字だけでなく、メール全体が文字化けして読めなくなる場合もある。

〈例〉	丸つき文字	①②③…
	ローマ数字	Ⅰ、Ⅱ、Ⅲ…
	単位の文字	㎜、㎝、㎞…
	記号など	㈱㈹…

BUSINESS RULES

メールを送ってそのままにするのはNG！

サーバーの不調で届いていなかったり、相手がメールに気づかないという場合もあるので、返事がないときは電話でメールを送った旨を伝えましょう。

chapter 3

BUSINESS MANNER

11

FAXと送信書の書き方

FAXを使うときのポイント

FAXを送ったら相手先に電話する

FAXはフロアで共有している場合が多い。**他の書類に交ざることのないよう**、送信前か送信後に確認の連絡を。

FAX番号はしっかり確認を！

間違えて関係のないところに大切な資料を送って情報漏えいにならないように、**番号は入念にチェック**。

大量の枚数を送るのはNG！

あまりに多い枚数は相手の負担になる。**できれば5枚以内**が理想。多くなる場合は、相手に了承を得てから送ること。

送信する時間帯に気をつける

個人宅に送ってよいのは**朝9時から夜7時くらいまで**。電話と番号が共通の場合もあるので、深夜と早朝は避ける。

FAX送信書の文例

FAX送信書
○年○月○日
○×商事株式会社
○○部○○課
佐藤様
[発信元]
株式会社AKBカンパニー
営業部　木﨑ゆりあ
TEL　03 - 0000 - 1111
FAX　03 - 0000 - 2222
下記の件名につきましてFAXを送信いたしますので、
ご査収のほどよろしくお願いいたします。
件名　○○○○○
送信枚数3枚（本状を含む）
記
・見積書　1部
・商品一覧　1部
以上

送信の日付をチェック

送る日付を書き入れる。

TEL・FAX番号を必ず書く

差出人の氏名、連絡先を記入。

送信枚数を必ず書く

紛失などを防ぐため、送信枚数○枚（本状を含む）と記入。

本文は大きい文字で読みやすく！

受け取ったFAXは、元の資料より読みにくい。意識的に大きく記載すること。

BUSINESS RULES

個人宅に送るときの注意点

- なるべく枚数を抑える
- 早朝や深夜に送るのはNG
- できれば送る前に電話で連絡する

chapter 3

BUSINESS MANNER

12 来客時の対応

来客時の心がまえ

困っているようなら すばやく声をかける

自分のお客様でないときでも、**声をかける**こと。無視すると担当者のイメージも悪くなってしまう。

明るく笑顔で迎える

お客様を迎えるときは笑顔で。**にこやかに話しかける**ことで、相手も安心する。

全員に親切な対応を心がける

会社を訪れてくれた人は、等しく「お客様」。相手の外見や年齢などで対応に差をつけないこと。

来客を見かけたら自分から声かけを

受付にお客様が見えたら、席を立って**「いらっしゃいませ」と声をかけて**。その上で相手の名前、会社名、誰宛てにたずねてきたのかなどを伺います。その際に**アポイントメントがあるかどうかも確認すること**。自分が受付担当でなくても、積極的に感じよく応対することで、会社のイメージも上がります。**「会社の顔」の気持ちで**、笑顔でお迎えしましょう。

来客の案内の手順

1 用件を聞く

相手の名前、会社名を確認。その後、**約束の有無を確認する。**

2 部屋へ案内する

「応接室へご案内します」など、行き先を伝え、**お客様の斜め前方を歩き**、ご案内する。

コッコッ

3 ドアをノックする

ノックして応接室に人がいないか確認。ドアを開けて、**お客様を上座**（P90参照）**へ案内**する。

まもなく
担当者が
まいります
ぺこ

4 担当者がくることを伝える

担当者を呼びにいく。時間がかかる場合は、**その旨を伝えて謝罪**し、お茶をすすめる。

ぺこ

5 見送る

お越しいただいたことへの感謝の気持ちを込めて、ていねいにお見送りする。エレベーターホールで見送る際は、**ドアが完全に閉まるまでお辞儀をする**のがルール。

BUSINESS RULES

印象が悪くなる行動はNG！

- お客様と目が合ったのに知らんぷり
- アポイントがあるのに長時間待たせる

13

お茶の淹れ方・出し方

お茶の淹れ方の手順

1 湯のみを温める

湯のみにポットのお湯を注ぎ、**湯のみを温める**。お茶を淹れるのにちょうどいい温度に冷ます役割も。

2 急須にお湯を移す

人数に合わせて茶葉の量をはかり、急須に入れる。**湯のみに注いだお湯を急須に入れる**。

3 湯のみに注ぐ

ふたをして、お茶の葉が開くまで1分ほどおく。**濃さが均等になるように、各湯のみに少しずつ数回に分けて注ぐ**とよい。

4 お盆にのせる

お盆に茶たくとお茶を淹れた湯のみをのせる。万が一のために台布巾も用意しておく。

お茶の出し方

1 ドアをノックする

応接室のドアを**軽くノック**。「どうぞ」と返事がきたらドアを開ける。

2 茶たくに湯のみをのせる

サイドテーブルか下座側のテーブルの隅にお盆を置く。**茶たくの上に湯のみをセットする。**

3 お茶を出す

上座に座っているお客様からお出しする。自社の社員はあとに。スペースの都合上、左側からしか出せない場合は、**「こちらから失礼します」**とひと言声をかけるとよい。

4 退室する

お盆を脇腹に抱え、ドアの前まできたらお客様のほうを向き、**会釈をしてから**退室。

BUSINESS RULES

お茶を出すタイミングに注意！

お茶出しは、名刺交換中などバタバタしているときではなく、全員が席に座って落ち着いたタイミングがベスト。打合せが長引くようであれば、60 分くらいを目安にコーヒーなど、他の飲み物をお出ししましょう。

chapter 3

BUSINESS MANNER

14

名刺交換の仕方

名刺を渡すときのポイント

1.

立って行うのが原則

必ず立ち上がった状態で、両手で自分の名刺を持つ。**相手に文字を向け、社名と名前を名乗りながら**笑顔で差し出す。

2.

机をはさまずに渡す

相手と自分の間には、**障害物がなにもない状態で**渡す。相手のそばまで行ってから名刺を渡すこと。

\CLOSE UP!/

3.

折れ曲がっていないきれいな名刺を渡す

名刺は自分の看板の意味を果たす大切なもの。定期入れや財布で代用せず、**名刺入れを持つこと**が大切。

名刺をいただくときのポイント

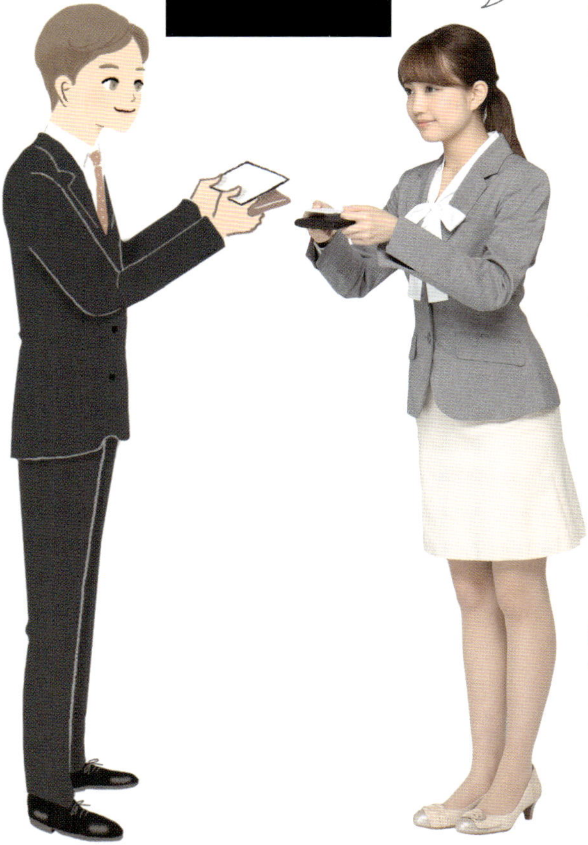

1.

「頂戴いたします」のひと言を添える

黙って受け取るのではなく**「頂戴いたします」のひと言を添える**のがマナー。

2.

文字情報に指をかけない

片手で受け取るのは失礼にあたる。また、**相手の会社ロゴや氏名に指がかからないように**受け取ること。

3.

相手の名刺はていねいに扱う

いただいた名刺は相手そのもの。名刺交換中に落としたり、相手の名刺に文字を書き込んだりしないようにする。

BUSINESS RULES

イスに座ったら机の自分の近い位置に置くこと

座って打合せに入るときは、向かい合った相手の位置と名前がわかるように名刺を並べます。机に並べているときに、お茶などで汚さないように注意しましょう。

chapter 3

BUSINESS MANNER

15

応接室の席次

一般的な応接室の席次

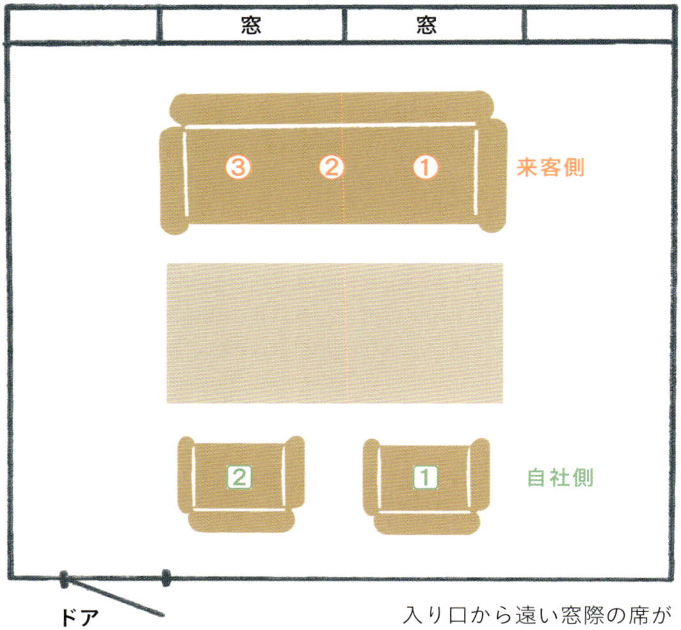

入り口から遠い窓際の席が上座。下座となる手前の席のうち、奥は上司、自分は入り口側に座るとよい。

お客様は上座へご案内でも、上座ってどこ？

上座・下座の概念は、ビジネスにおいて大変重要です。お客様は上座に案内し、自社の社員は下座に座るのがルールです。基本的に、入り口から最も遠い席が上座、入り口に近い席が下座ですが、下座からのほうが景色がよく見えるなど、その部屋のレイアウトによって変わることもあるので要注意。また、和室の場合は床の間に最も近い位置が上座です。自社の応接室や会議室の席次は、必ず覚えておきましょう。

chapter 3

BUSINESS MANNER

16

会議室の席次

会議室の席次

役職の高い人が中心になって話を進める場合は、真ん中の席が上座になるが、ドアから遠い席が上座になることもある。

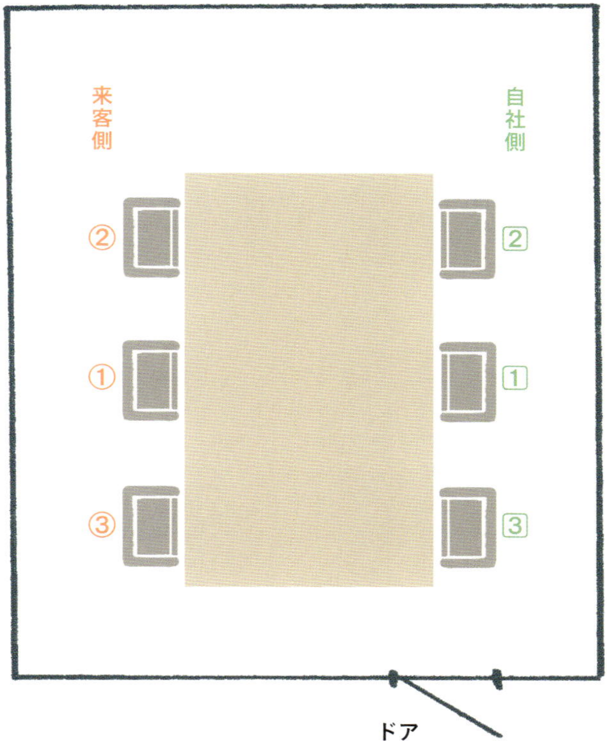

BUSINESS RULES

応接室を予約していなくて空いていない！こんなときどうする？

急な来客だったり、応接室がすでに予約でいっぱいだった場合は、上司や先輩に相談します。他部署の応接室を借りたり、場合によっては社内用の打合せテーブルなどを使うこともあります。あわてることのないよう、冷静に対応しましょう。

chapter 3

BUSINESS MANNER

17

乗り物・エレベーターのマナー

乗り物の席次

自家用車　Car

自家用車では**助手席が上座**となる。後部座席は両側からはさまれる真ん中が下座。

タクシー　Taxi

最も安全な**運転手の後ろの席が上座**。助手席が下座なので気をつける。

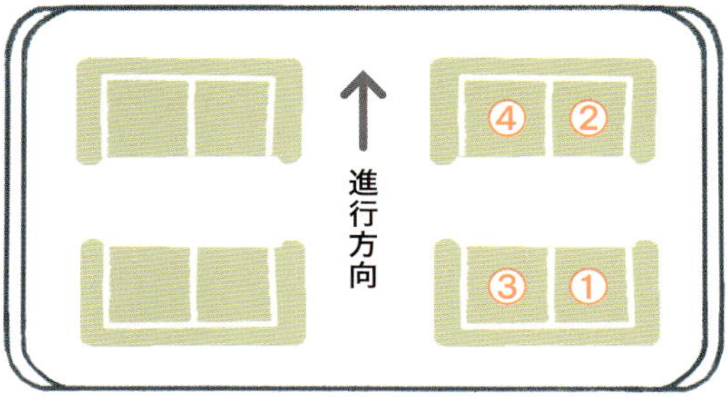

列車　Train

進行方向の窓際の席が上座。次点は後ろ向きの窓際。

BUSINESS RULES

飛行機の上座はどこにあたる?

飛行機も基本的には窓際が上座です。とはいえ、飛行機は座席が狭いので奥の席はトイレに立ちにくいのが難点。列車、バス、飛行機などの場合は本人の好みもあるので、確認するとよいでしょう。

エレベーターの乗り方

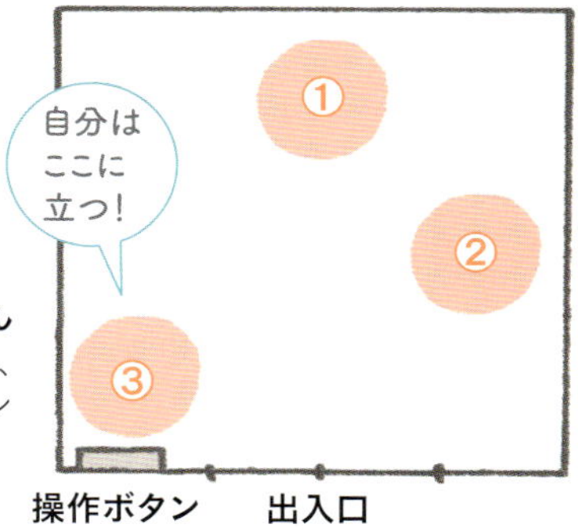

お客様に奥に進んでいただいたあと、自分は操作ボタンの近くに立つ。

乗り降りはお客様を先に

原則として、**乗り降りともにお客様を先**にする。人数が多い場合は、自分が先に乗ることもある。

お客様にできるだけ背を向けない

操作ボタンの正面に立つとお客様に背中を向けてしまうことになるので、**体の角度を少し変える。**

BUSINESS RULES

乗り物の中でも気を抜かない!

- 基本的に乗り物は窓際が上座
- 自家用車では助手席が上座になる
- エレベーターはお客様にできるだけ背を向けないよう注意

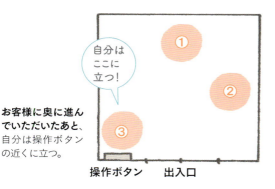

chapter 3

BUSINESS MANNER

18

訪問時のマナー

訪問時に気をつけたいこと

出る前に忘れ物がないか入念にチェック！

打合せに入ろうとして資料を忘れた、ということのないように、**出かける前に持ち物を確認**する。名刺は必ず持参すること。

訪問前に相手先の情報をチェック！

最新ニュースなどが話題にのぼることもあるので、**訪問前に相手先企業のHPなどを確認**する。

約束の時間の5〜10分前には着く

時間厳守が原則。約束の5〜10分前には着くようにする。相手に失礼がないように、清潔感のある服装やメイクを心がける。

携帯の音はオフに！

携帯電話は電源を切るかサイレントモードに設定し、**音がまったく出ない状態に**しておく。

訪問時に準備する持ち物

株式会社 AKBカンパニー
営業部
加藤 玲奈
名刺
書類や資料
筆記用具
MAP
携帯電話

10分ほど遅れてしまいそうです

地図は出る前にスマホに登録！

訪問先の所在地を、あらかじめ**地図アプリに入力しておく**と便利。

遅れそうになったら必ず電話で連絡する

遅れるとわかった時点で電話で連絡し、何分後に着けそうなのかを伝える。

BUSINESS RULES

訪問前の最終チェック

- 忘れ物がないよう入念にチェック
- 相手に不快な思いをさせない服装で
- 打合せ内容の確認や、話の組み立てを考えておく

アポイントのとり方

はじめまして
AKBカンパニーの
木﨑と申します

1 担当者に挨拶する

まずは電話で先方に挨拶をする。**自分の会社名、所属、氏名**などを伝えること。

↓

2 目的を告げる

相手に会いたい理由を話す。会っていただけるか判断されるところなので、**できるだけ具体的に、明確に**伝える。

↓

3 時間を決める

実際に会える日時を約束する。**相手の都合のよい日時を複数あげてもらい**、調整する。

↓

4 お礼を言う

時間を作ってくれたことに対し、**お礼を伝えてから電話を切る**。メールでリマインドも送る。

BUSINESS RULES

アポイントがとれたらしておくこと

1 上司への報告

2 資料の準備

3 訪問先の情報の確認

訪問先での対応の仕方

1
建物に入る前にコート類を脱ぐ

コートやマフラー、手袋などをつけたまま入るのはマナー違反。**建物に入る前に脱ぎ**、コートは裏返して腕にかけ、小物類はバッグにしまう。

2
取り次ぎを依頼する

受付で挨拶をし、自分の名前を名乗る。**相手の名前・部署、約束の有無**を伝える。

3
原則、下座で待つ

案内されたら、入り口近くで待つ。**案内人に「どうぞ」と言われたら座る。**バッグはイスではなく、床に置くのがマナー。

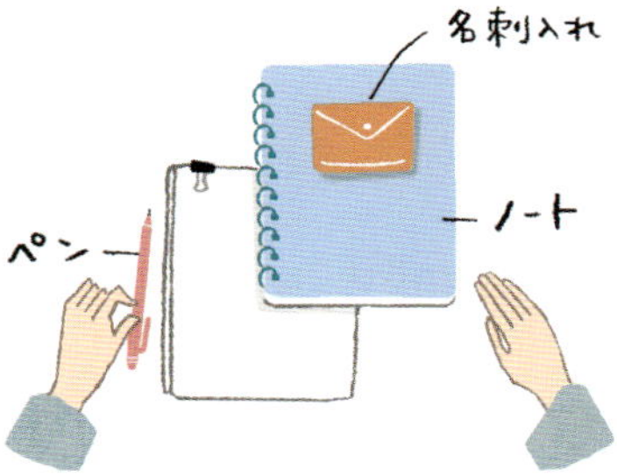

4
すぐに名刺交換ができるように準備

相手が応接室に入ってきたらすぐに立ち上がり、**体を向けて挨拶をする。**すぐに名刺交換をするので、名刺入れの準備をしておく。

訪問後の流れ

1 できるだけその日のうちにお礼のメールを送る

帰社したら**「貴重なお時間をいただき、ありがとうございます」**とお礼のメールを出す。

↓

2 数日経っても返事がない場合は電話する

打合せ内容に関する返事のメールが数日間ない場合は、**電話をかけて確認する。**

↓

3 状況により、次回のアポイントをとる

追加の資料が見たいなどの要望があれば、**再度打合せの時間をもらって**説明を。

BUSINESS RULES

訪問後の対応もていねいに

- お礼のメールはなるべく早い段階で送る
- 次のコンタクトはタイミングを見計らって行う
- 余裕があれば、手書きでお礼の手紙を書くのもよい

訪問後のメールの文例

株式会社〇〇〇〇
営業部　〇〇様

いつもお世話になっております。
AKB カンパニーの木﨑でございます。

本日は、ご多忙中にもかかわらず貴重なお時間を賜り、
誠にありがとうございました。
業界の最近の傾向についてのお話は、大変勉強になりました。

本日伺いました〇〇様のご質問について、解決できるサービスを
ご提案できるよう、社内で急ぎ検討いたします。
明日 6 日（木）には、具体的にお伝えできるかと存じますので、
改めてお時間をいただけますと幸いでございます。

今後とも、どうぞよろしくお願い申し上げます。

+++++++++++++++++++++++++++++++++++
株式会社 AKB カンパニー　営業部
木﨑ゆりあ

東京都千代田区神田〇 - 〇 - 〇　△△ビル11F
電話　00-0000-0000
FAX　00-0000-0000
E-mail　kizaki-company@aaaaa.co.jp
+++++++++++++++++++++++++++++++++++

お礼の一文を添える

自分のために時間を割いていただいた、ということにお礼を。

自分の希望を伝える

最後に希望を書く。しつこくならないように気をつける。

BUSINESS RULES

お礼のメールで気をつけること

- 定型メールにならないよう、訪問先で話した内容にふれる
- 誤字、脱字をチェック。とくに相手の会社名と名前は注意
- スピーディーに対応していることを伝える

chapter 3

BUSINESS MANNER

19

個人宅を訪問するときのマナー

個人宅を訪れるときのポイント

必ずアポイントをとる

個人宅を訪問する際も、必ずアポイントをとるように。訪問の日時は、**相手の都合を伺い、合わせる**こと。また、約束した所要時間を超えないようにすることも重要。

身だしなみを整える

訪問先では靴を脱ぐことがほとんど。**いつも以上に靴が目立つ**ので磨くなどのお手入れを。脱いだ靴の中敷きや、ストッキング、靴下が汚れていないかもチェック。また、和室で正座をすることもあるので、座ったときに太ももが目立たないよう、**スカートならいつもより長めのもの**を選ぶようにすること。

靴の脱ぎ方

玄関で靴を脱ぐときは、**入ってきたそのままの方向で靴を脱ぐ**。上がったら、迎えてくれている方に背中を向けないように斜めに膝をつき、**靴の向きを逆にして隅に寄せる。**

手土産の選び方

高すぎるものはかえって気を使わせるのでNG！

相手との親密度や要件によっても変わるが、**適度な価格帯のもの**を。

父
弟
母
本人

相手の家族構成を考えて選ぶ

子どもの有無など**家族構成を考えて**、常温で保存でき、日持ちするものがおすすめ。

室内でのマナー

さっ

手土産を渡すタイミングに注意

挨拶が終わってすぐがベスト。紙袋から取り出し、正面を相手のほうに向けて渡す。

本日は
お時間をいただき
ありがとうございます

部屋に通されてから挨拶する

家に上がることをすすめられたら、すぐに入ってOK。部屋に入ってから挨拶を。

POINT

家の中をジロジロと見るのは、失礼なのでやめましょう！

20 接待時のマナー

食事を楽しみながら取引先と親密になる

接待は飲食を共にしながらリラックスして話すことで、**今後の仕事をスムーズに進めるという目的**があります。とはいえ、自分がリラックスして楽しんではいけません。接待は仕事なので、自分の立場と役割を忘れないように。また、**仕事の話ばかりしてしまうのもNG**。相手が気持ちよく過ごせるように、食事や飲み物に気を配り、楽しい話題づくりを心がけましょう。

接待の進め方の手順

1 相手の好みをリサーチしておく

接待する相手の料理や、酒の好み、帰宅場所、喫煙の有無などを**事前に調べておく**。

↓

2 店を選ぶ

できるだけ個室で、**周囲を気にせず会話ができる**ことが理想。会話が大切なので、落ち着いた店を選ぶ。駅から遠すぎる店も避ける。

↓

3 下見をする

店の人の応対や喫煙環境を調べる。**タバコの煙が苦手な人も多いので**、ほかの席の煙がこちらにこないかなどもチェック。

↓

4 予約する

できれば下見の際に席を指定して予約する。予約をとったら、メールなど**記録に残るもので全員に連絡**を。

接待での席次

中華の場合

円卓では、入り口から遠い奥の席が上座。自分は入り口近くの下座へ。

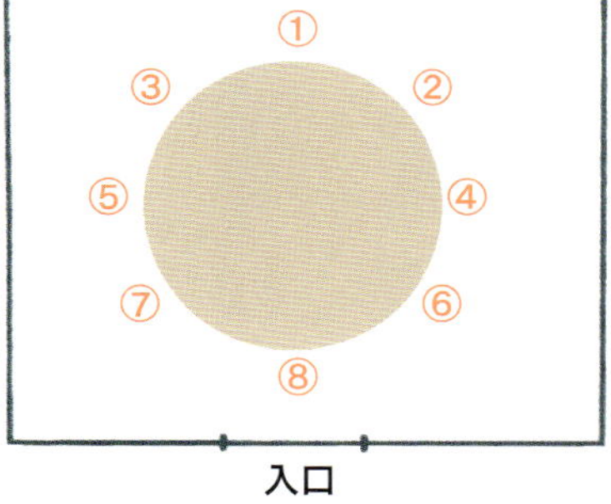

和食の場合

床の間がある場合は床の間に近い席、ない場合は奥の席が上座となる。

床の間がある場合

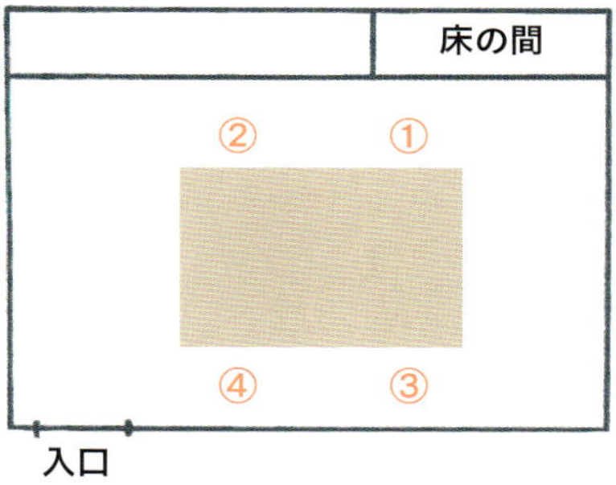

床の間がない場合

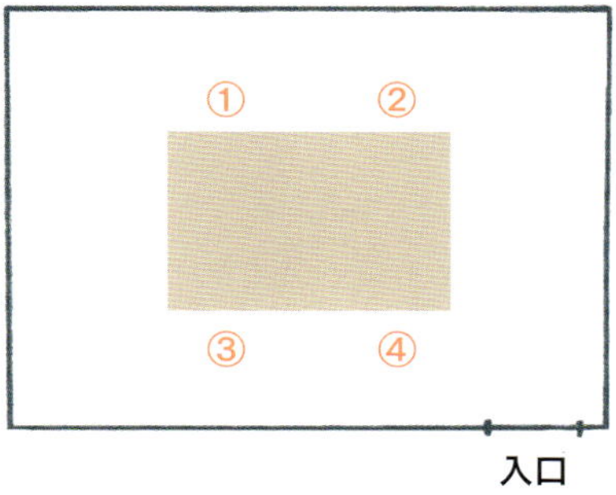

BUSINESS RULES

接待では席次が重要。取引先の役職が高い順に上座をすすめましょう。

お酌するときのマナー

タイミングを見て注ぐ

重要な話をしているときに、ビールを注ぐなどの動きがあると意識がそれがちになる。**会話をしているなかで、タイミングよく**飲み物への配慮をする。

声をかけてから

酒が少なくなっていたり、**空になっていたら、積極的に声をかける。**飲み物を変えるという場合はすぐに注文を。

NG

ビール瓶を片手でお酌するのは絶対にダメ。目上の人やお客様に対しては、**必ず両手で**注ぐこと。

相手のペースを確認する

酒を飲むペースは人それぞれ。すすめられると嫌でも飲んでしまう人もいるので、**相手の飲み方のペースを見ておく**ことがポイント。

飲みすぎに注意する

飲みすぎて前後不覚になったり、**相手に失礼をしないように注意。**ほどほどにとどめること。

お酌の仕方

ビール

ラベルを上にし、両手で注ぐ。**相手がグラスを飲み干してから**注ぐのがマナー。

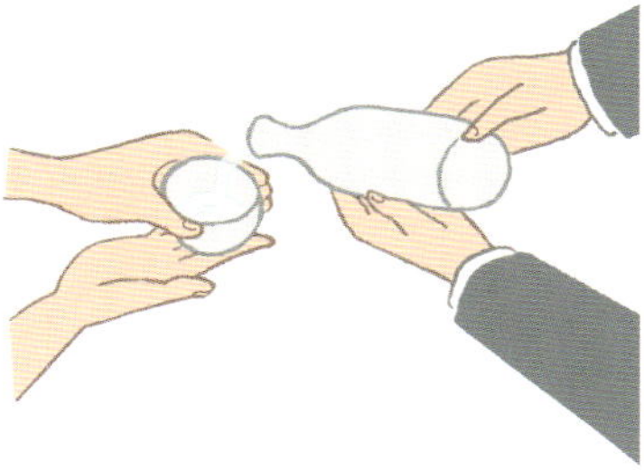

日本酒

相手に盃を持ってもらい、**右手で持った徳利に左手を添えて**注ぐ。量は8分目くらいが目安。

ワイン

ワインを注ぐのはマナー違反。自分で注ぐのではなく、店の人を呼ぶ。

BUSINESS RULES

お酌の場合でもこんな態度はNG！

- × 大きな声で騒ぐ
- × 相手に近寄りすぎる
- × 注ぎすぎてこぼしてしまう

chapter 3

BUSINESS MANNER

21 社内での飲み会のマナー

飲み会の注意点

礼儀正しく振る舞う

酒が入っているからといって、うっかりした**失言や失礼な態度はNG**。酒は飲みすぎないように。上司や先輩から「今日は無礼講だよ」と言われても、節度ある応対を。

飲み会には積極的に参加する

どうしても外せない用事以外は、**できるだけ参加する**。普段聞けない本音や昔の話も聞けて、親近感も増す。

多くの人と会話をする

最後まで、隣の人とばかり話していたということにならないように、**多くの人と会話**して交流を深める。

周囲には自ら進んでお酌する

飲み物が少なくなっていたり、**空いていたらお酌を**。食事のとり分けや下げる皿の回収も積極的に。

飲み会の NG行為

許可なくSNSへの写真投稿

飲み会に参加していることを知られたくない人もいる。どうしても投稿したいときは、**写っている人全員から許可をもらう**こと。

社内の人の悪口や批判

周囲が社内の人の悪口や噂話で盛り上がっていたとしても、**発言は控える**こと。

政治や宗教の話をする

政治や宗教の話はNG。デリケートな話題なので、熱心に話すのも、批判するのもマナー違反。

自慢話をする

聞かされ続ける相手はうんざりしてしまう。**話題は「自慢」にならないよう**配慮を。

BUSINESS RULES

飲み会で気をつけること

- 聞き役にまわるだけでなく自ら話題を提供して、その場を盛り上げることもときには必要
- 酒の勢いで砕けすぎた態度をとらない

chapter 3
BUSINESS MANNER

22 幹事になったときの心がまえ

幹事を任されたときの注意点

一次会だけでなく二次会のことも考える

飲み会には二次会はつきもの。一次会の途中である程度参加者を確認し、**一次会の場所に近い店を予約する。**

段取りをしっかり確認！

人数に合わせて店を決め、**予約、伝達、会費の徴収、演出**など、必要なことを効率的に進めよう。

飲み会の最中は常に周りに気を配る

話に入っていない人がいたら、**自分から話しかけよう**。また、具合が悪そうな人がいたら声をかける。

参加者の希望をあらかじめ聞いておく

店の種類や予算など、**希望を聞いておく**。同僚よりも、先輩や上司の意見を優先的に考える。

幹事のやることリスト

1 参加者を決める
部署、チームなど声をかけるグループを決める。

2 日程を決める
上司や先輩の予定を優先して日程を選ぶ。

3 場所（店）を決める
参加者の希望を聞きながら、店をリサーチ。喫煙、禁煙もチェック。

4 予算を立てる
「コース＋飲み放題」で手頃な金額におさめる。

5 店を予約する
店が埋まってしまわないよう早めに予約する。

6 参加者に連絡する
開始時間、場所、金額などを参加者全員に知らせる。

7 必要ならプレゼントを用意
誰かのお祝いなどの場合はプレゼントやサプライズケーキを準備。

8 前日に最終確認をとる
忘れている人がいないよう、前日にメールなどでリマインドを送る。

BUSINESS RULES

幹事で失敗しないためのコツ

- 幹事はとくに遅刻しないようにする
- 周りの人とコミュニケーションをとる
- 飲みすぎ・酔いすぎに気をつける

CEREMONIAL
OCCASIONS

冠婚葬祭でのマナー

この章では、冠婚葬祭のシーンで役立つマナーについて
学びましょう。人がたくさん集まる場面こそ、
周囲にきちんとした印象を与えることが大切です。
正しい作法をしっかり身につければ、
「できる大人」に一歩近づくことができます。

chapter 4

お仕事ルールマンガ❹「結婚式でのマナー」

え…マジで…いまさらどうすれば…
まったく…
はい、新札
ザワ
ザワ
あ〜結婚式ってサイコ〜!!
あたし、歌いたくなっちゃった〜!
ザワ
ザワ
タイガー!
サイバー!
ファイヤー!
ファイバー!
ワー
ワー
あたしより目立ってる…
冠婚葬祭のマナーについては次のページから学んでいこう!

chapter 4

CEREMONIAL OCCASIONS

01

ご祝儀袋の書き方・ふくさの使い方

ご祝儀袋のマナー

ご祝儀袋の種類と金額の目安

1～2万円程度　2～3万円程度　5万円～

取引先関係の場合は**3万円が目安**だが、必ず上司に確認を。のし袋は**金額が大きくなるほど豪華になる。**

中包みの書き方

表中央に縦書きで「**金〇〇円也**」と書く。数字は漢数字の旧字体で書くことを忘れないように。裏面左下に住所と氏名を記す。

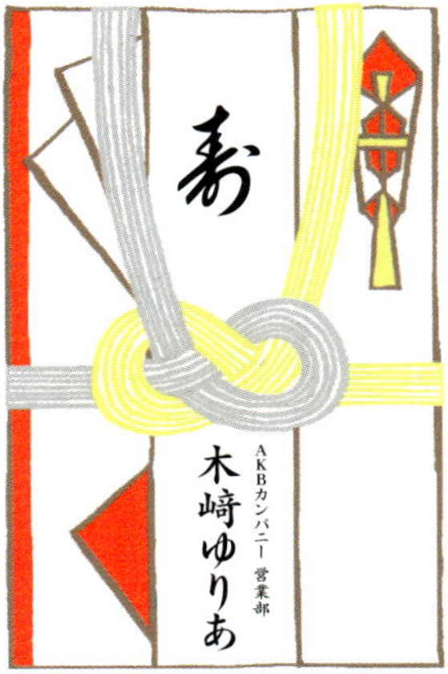

ご祝儀袋の書き方

濃い墨や濃い黒の筆や筆ペンで中心にバランスよく書く。ビジネスシーンでは、**氏名の右側に小さく社名や所属**を入れる。

連名の場合

連名で夫婦の場合は**夫はフルネーム、妻は左に名前のみ**記す。

連名の場合は、右から**地位の高い人順に。**

多人数の場合、代表者の氏名と「外一同」と記す。

ふくさの包み方

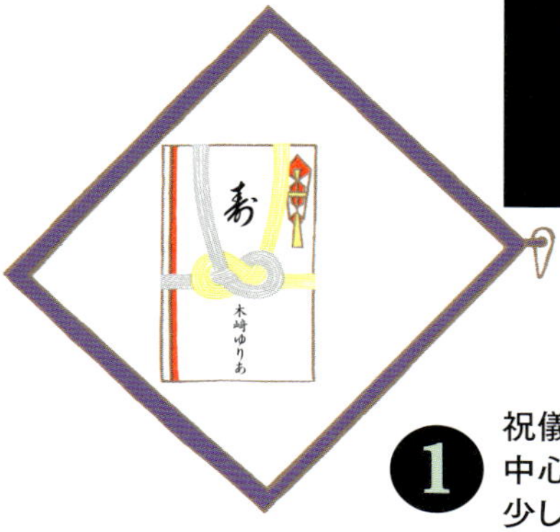

1 祝儀袋を表にし、中心から少し左側に置く

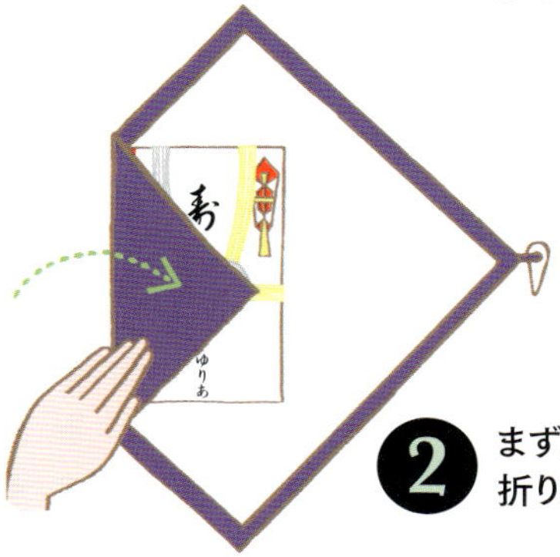

2 まず、左側を折りたたむ

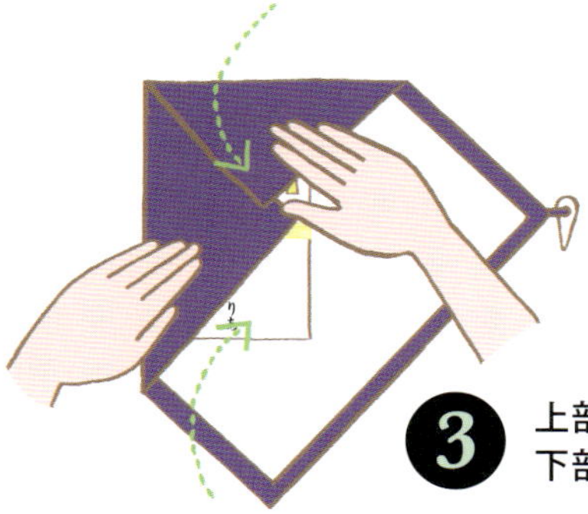

3 上部を折りたたんでから下部をたたむ

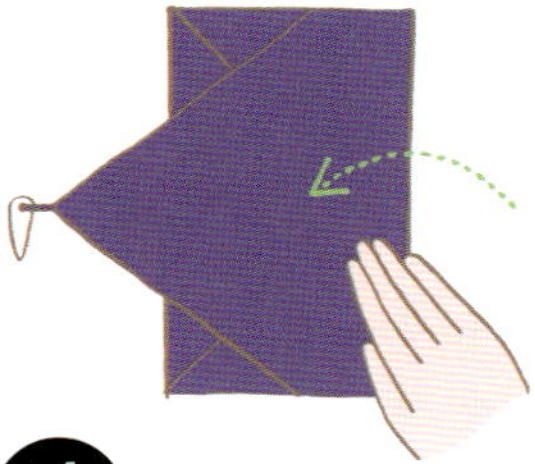

4 右側を左側にたたむ

5 左側のツメの部分を後ろに折る

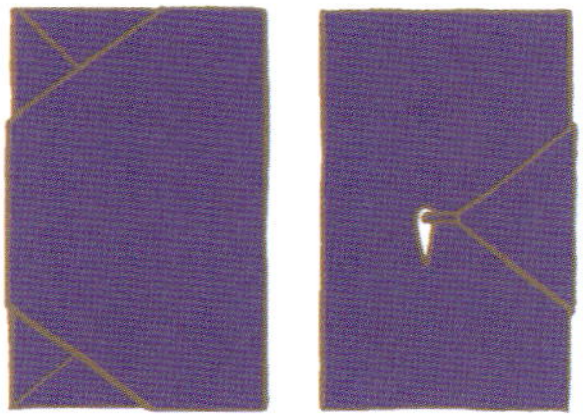

6 ツメを留めて完成

POINT

慶事は右開き、弔事は左開きになるよう包みましょう。

chapter 4
CEREMONIAL OCCASIONS

02

招待状の返信について

招待状の返信の仕方やマナーを覚えよう

招待状の返信は、早ければ早いほど祝福の気持ちが伝わります。遅くとも一週間以内の返信を心がけましょう。口頭で返事をしていても、招待状の返信は必ず送るのがルール。お祝いの言葉は、ていねいに気持ちを込めて書きましょう。

おもて

111-0000
東京都○○区○○町一-一-一
○○マンション二〇二
東京 花子 ~~行~~ 様

「行」を二重線で消し、**宛名より少し大きめに「様」**と改める。楷書でていねいに書くこと。

うら

慶んで
~~御~~出席させていただきます
~~御欠席~~
ご結婚おめでとうございます
花嫁姿を楽しみにしています
~~御芳~~名 加藤玲奈
~~御~~住所 千葉県○○市○○区
○○町一-一-一

「御」や「芳」という自分にあてた敬語はすべて二重線で消し、出欠を○で囲む。出席の場合、欠席の文字も同様に消しておく。

POINT

裏面の余白には、お祝いの言葉を添えましょう！

chapter 4

CEREMONIAL OCCASIONS

03

結婚式のマナー

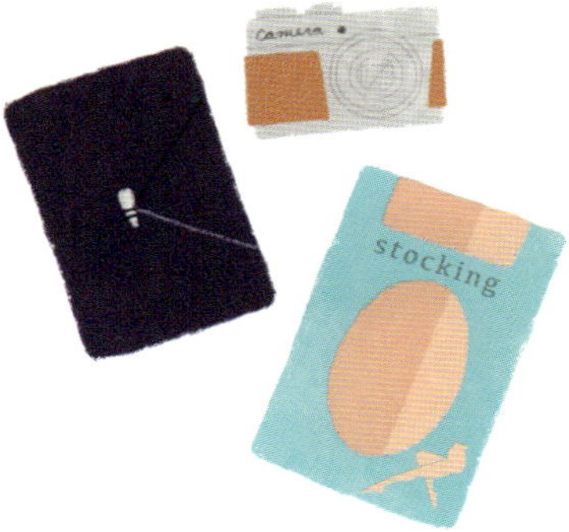

当日の持ち物

ご祝儀を持参するときは、**ふくさに包む**のが大人のマナー。慶事を表す赤系や慶事両用の紫のものを。包み方にもルールがあるので、しっかり覚えておく。**招待状には、会場や日時が記載されている**ので忘れずに。女性は、替えのストッキングを持っていると安心。携帯電話は式や披露宴の間は音が出ないように設定しておくこと。

受付

結婚式で受付を頼まれたら、**開宴1時間前には会場に行く**。ゲストの受付時間は開宴 30 分前からなので、意外と早くくる人もいる。余裕を持って行動すると安心。新郎新婦に代わり、**ゲストを最初にお迎えする大切な役割**なので、きちんとメイクをし、清楚なイメージの洋服やアクセサリーを身につけるようにする。

CEREMONIAL RULES

こんなところに気をつけよう！

- ご祝儀は新札を用意する
- 遅刻は厳禁
- 披露宴中は節度のある行動を心がける
- 重ね言葉・忌み言葉に注意する

chapter 4

CEREMONIAL OCCASIONS

04

参列者の服装

Party dress
パーティドレス

Hair Style
ヘアスタイル

カールしたポニーテールや編み込みなどで**華やかに**。

Accessory
アクセサリー

光りものは基本的にNG。パールやシルバーのものを。

Bag
バッグ

紙袋、動物柄は禁止。ドレスに合うようなものを。

Dress
ドレス

白ドレス、極端なミニはNG。清楚なカラードレスがベター。

Shoes
靴

ヒール靴が一般的。カジュアルな運動靴はNG。

ルールのなかで おしゃれを楽しんで

TPOに合わせた服装選びは、社会人の常識です。結婚式に呼ばれたら、ドレスコードを守って、参列しましょう。白は花嫁の色なので白系のドレスは避け、露出も控えるようにします。ノースリーブのドレスなどには、ストールなどを羽織るのがよいでしょう。また、足元はナチュラルストッキングに、脚をきれいに見せる高さのヒールがよいとされています。網タイツ、素足、ブーツはNGです。

Furisode

振袖

着物の色味

本振袖を着る場合は、花嫁の衣装とかぶらない色のものを選ぶ。

帯

袋帯で締めるのがベター。20代なら変わり結びがよい。

For men

男性の場合

黒や紺のダークスーツに礼服用の白ネクタイを合わせる。カラーシャツで華やかさを出してもOK。

CEREMONIAL RULES

着物で参列するときの注意点

- アクセサリーはつけない
- 上品で控えめな色のものを選ぶ
- おめでたい柄の着物を選ぶ

chapter 4

CEREMONIAL OCCASIONS

05 香典袋の書き方

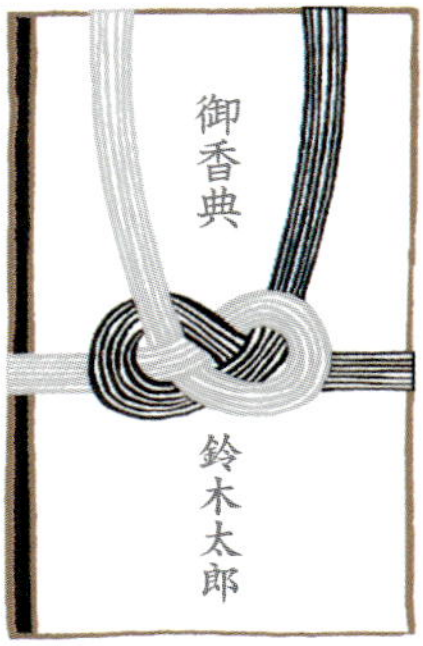

仏式

表書きは「御霊前」「御香典」。下部に薄墨でフルネームを書く。**白黒の水引き、結び切りのもの**を。

キリスト教式

表書きは「御霊前」「お花料」。下部に薄墨でフルネームを書く。**十字架、ユリの花の絵のもの**、もしくは無地。

神式

表書きは「御玉串料」「御神前」。下部に薄墨でフルネームを書く。**白黒の水引き、結び切り、無地ののし袋。**

通常よりもていねいに書くことを心がける

お悔やみごとがあった際は、香典を用意します。亡くなった方の宗教や宗派によって、不祝儀袋や表書きが異なるので注意しましょう。持参するときは、黒、紺、紫などのふくさに包みます。

POINT

不祝儀袋にお札を入れるときは新札は避け、お札の表面が中袋の裏側になるように入れます。

chapter 4

CEREMONIAL OCCASIONS

06

葬儀の服装

Accessory

アクセサリー

パールのネックレスは**一連のもののみ**。結婚指輪は可。

Mourning dress

喪服

通夜では地味な色のスーツ、ワンピースでも可。**葬儀は喪服を着用。**

Stockings

ストッキング

黒のストッキング。素足はもちろん、黒タイツもNG！

Shoes

靴

金具のない黒い靴。ヒールが高すぎるものは避ける。

和装の場合は、黒無地に五つ紋がついた着物が格が高いとされる。半衿と足袋は白でもよいが、草履とバッグは黒いものを。

For men

男性の場合

通夜はグレー、紺、**黒の無地のスーツに黒のネクタイ。**葬儀は黒のスーツに黒のネクタイを着用。

POINT

バッグや時計も派手なものは避けて。男性はネクタイピンも外すのがルールです。

chapter 4

CEREMONIAL OCCASIONS

07 葬儀のマナー

受付での作法

1 挨拶する

「このたびはご愁傷さまでございます」と小さな声で。黙礼だけでもよい。

2 香典を出す

ふくさから香典を出す。表書きが**相手から読める向きに正してから**、両手で渡す。

3 芳名帳に名前を書く

住所と名前を記帳し、一礼する。通夜で香典を渡している場合は、記帳だけでよい。

POINT

キリスト教式の場合は、焼香ではなく白い花を捧げます。

お悔やみの気持ちで粛々と

遺族や関係者の方々のつらい気持ちを案じた振る舞いをします。挨拶も控えめに、大きな声を出すのもＮＧ。焼香の回数は宗派や状況によって異なります。

焼香の手順

1 遺族と僧侶に
一礼して焼香台へ

2 焼香台で合掌して一礼

3 抹香を少量つまみ
額の高さ程度へ

4 抹香を香炉へ

5 合掌する

6 遺族へ一礼

chapter 4

CEREMONIAL OCCASIONS

08

贈答のマナー

御中元・御歳暮のマナー

御中元は7月初めから7月中旬まで、**御歳暮は12月上旬から12月20日頃**までに贈る。水引の結び目の上に献辞《けんじ》、名前は献辞よりやや小さく書く。配送する場合は内のし、手渡しの場合は外のしにする。

※贈る時期は地域により異なる

CEREMONIAL RULES

御中元・御歳暮にNGな贈り物とは

- 靴などの履物、下着、靴下など
- 刃物、ハンカチ、くしなどもNG
- 一度限りの贈答は失礼なので継続を！

贈り物の表書きと渡す時期

長寿の祝い

誕生日の半月前から、当日までの間。

結婚祝い

挙式の１週間くらい前まで。挙式当日でも可。

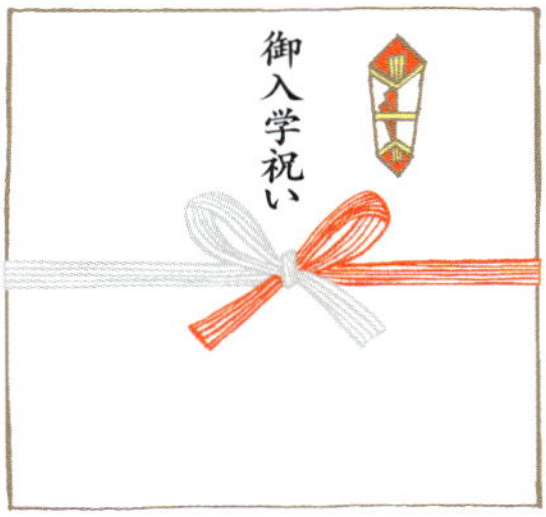

入学祝い

入学が決まったら**時期を問わず、すぐに。**

結婚祝いのお返し

挙式の１ヵ月後くらいまでに。

卒業祝い

卒業式の１ヵ月後くらいまでに贈る。

七五三 初節句

七五三の半月前から、当日までの間。

CEREMONIAL RULES

贈り物のルールまとめ

- それぞれの贈る時期を把握しておく
- 贈ってはいけないものに気をつける
- 相手の好みに合わせた品がおすすめ

Editor's note

編集後記

普段から一緒にお仕事することも多く、
仲良しのゆりあちゃんとれなっち。
監修の中山先生に
正しい姿勢や表情の仕方を
細かくご指導いただきながら撮影は進みました。
最初は緊張していた２人も、
撮影が終わる頃には
すっかりビジネスパーソンの顔に？

れなっちはやっぱり
ピンクが似合うよ～～！
ゆりあちゃんの
編み込みも
可愛いよ♡

【参考文献一覧】

- 『イラスト図解 新社会人の教科書』
  NPO 法人 日本サービスマナー協会監修（学研プラス）
- 『「きちんとした敬語と表現」がすぐに見つかる
  ビジネスメール言い換え辞典』村上英記著（日本実業出版社）
- 『敬語の教科書1年生』新星出版社編集部編著（新星出版社）
- 『さすが！と言われるビジネスマナー完全版』
  谷澤史子／梶原しげる／平野友朗／岩下宣子監修（高橋書店）
- 『ビジネスマナーの解剖図鑑』北條久美子著（エクスナレッジ）

【衣裳協力】

- セ・ラ・ヴィ 株式会社ミレーヌトモダ　03-5545-7089
- ドリー ドール　0120-54-0011
- プールサイド マロニエゲート銀座2店　03-3535-8277
- 和 あらいや　0776-66-0550

木﨑ゆりあ（きざき ゆりあ）

1996年2月11日愛知県生まれ。2009年、SKE48第3期メンバーオーディションに合格。2014年4月にAKB48チーム4へ移籍、2015年3月に同チームBへ異動、キャプテンを務める。好きな言葉は「何も始めなければ何も始まらない！」。

加藤玲奈（かとう れな）

1997年7月10日千葉県生まれ。2010年、AKB48第10期メンバーオーディションに合格。2012年3月に正規メンバーに昇格し、現在はチームBに所属。2015年および2016年に本人発案で実施の、通称「れなっち総選挙」は世間の話題を集めた。

●監修者紹介

中山佳子（なかやま よしこ）

株式会社フィールドデザイン　代表取締役
一般社団法人　書道能力開発協会　理事長

トヨタ自動車での役員秘書や人事採用教育経験を活かし、研修会社「株式会社フィールドデザイン」を設立。マナーやコミュニケーション研修、美文字セミナーなどを手掛け、テレビ出演や新聞、雑誌の掲載も多数。著書に『DVDできれいに書ける！大判美文字ペン字練習帳』（西東社）、『美しいペン字練習帳 大人のたしなみ』（朝日新聞出版）など。

●STAFF

企画／国吉俊輔
スーパーバイザー／鈴木恒夫
制作進行統括／友田満
編集／伊達砂丘、粟多美香
編集協力／山下友浩、関根亜希子、阿部修子、北川謙二、早川麻依子、鈴木紀子
執筆協力／上村絵美、中村瑠衣
撮影／鈴木健太（KENTA Inc.）
ヘアメイク／大場聡美
スタイリスト／ナカイズミ
イラスト／黒川輝代子、ふじいふみか、イチカワエリ
漫画／成瀬瞳
デザイン／矢作裕佳（Sola design）
カバーデザイン／加藤美保子
特別協力／ＡＫＳ、VISUALNOTES Inc.、オサレカンパニー、メディアパスポート、東京出版企画、スタジオポルト、秋元康事務所、Y&N Brothers

AKB48の木﨑ゆりあ＆加藤玲奈と学ぶ
お仕事ルール50

2017年3月25日　初版　第1刷発行

著　者　AKB48スタディブック制作プロジェクト
監修者　中山佳子
発行者　木村通子
発行所　株式会社 神宮館
〒110-0015　東京都台東区東上野1丁目1番4号
電話　03-3831-1638（代表）
FAX　03-3834-3332
印刷・製本　誠宏印刷株式会社

万一、落丁乱丁のある場合は送料小社負担でお取替え致します。小社宛にお送りください。
本書の一部あるいは全部を無断で複写複製することは、法律で認められた場合を除き、著作権の侵害となります。定価はカバーに表示してあります。

ISBN　978-4-86076-352-7
Printed in Japan
神宮館ホームページアドレス　http://www.jingukan.co.jp
17301250